KB176092

슬기로운
재외학교 생활

슬기로운
재외학교 생활

초판인쇄 2020년 8월 30일
초판발행 2020년 8월 30일

지은이 김행화
펴낸이 채종준

펴낸곳 한국학술정보(주)
주 소 경기도 파주시 회동길 230(문발동)
전 화 031-908-3181(대표)
팩 스 031-908-3189
홈페이지 http://ebook.kstudy.com
E-mail 출판사업부 publish@kstudy.com
등 록 제일산-115호(2000. 6. 19)

ISBN 979-11-6603-060-4 03040

현 직 초 등 교 사 의 알 찬 재 외 학 교 해 외 적 응 기

슬기로운
재외학교 생활

김행화 지음

여행하는 선생님은
노는 선생님인가요?

"선생님이면 방학마다 여행다니고 놀러 다니는 것 아니에요?"

우리나라는 아직도 '여행'하면 '노는 것'이라는 인식이 많다. '여행하는 선생님'은 '노는 선생님'으로 치부되는 세상에서 글로벌(Grobal)을 넘어 글로내컬(Global+National+Local)한 인재를 길러야 하는 사명이 있다. 그런 인재를 길러야 하는 선생님의 다양한 경험은 왜 중요시하지 않는 것일까? '여행'이야말로 내 삶을 살아가는 데 필요한 많은 것을 실제로 경험하며 배울 기회였다. 초등학교 선생님이면서 여행자인 나의 정체성을 지켜나가고 싶었다. 유학 생활, 재외한국학교 교사 생활, 인생의 5분의 1을 해외에서 생활하면서 쌓아 온 나의 경험을 원하는 사람이 있다면 이야기 나누고 나만이 쓸 수 있는 이야기를 남기고 싶었다.

재외한국학교에서 마지막 해, 가장 바쁜 시기에 문득 그런 생각이 들었다. 열정이든 체력이든 가장 정점을 찍은 시기에 해외에 나와서 내가 그동안 쌓아 온 것을 모조리 소진해 버렸다는 그런 생각. 반드시 무엇인가를 배우거나 이루어 한국으로 돌아가야겠다는 목표는 없었기에 후회는 없지만 허무함이 남아있었다. 5년 전 재외한국학교에 가는 것이 결정되고 '해외에 나가서 내가 잘 적응할 수 있을까?' 염려했던 것보다 5년이 지난 지금 '내가 한국에 돌아가서 잘 적응할 수 있을까?' 하는 걱정이 더 크게 느껴졌다. 지금껏 새로운 환경에 적응하는 것은 자신 있었는데 새로운 환경이 아니라 내가 알던 곳으로 돌아가는 것은 처음이라 그런 것일까? 일어나지 않은 일을 걱정하는 성격은 아닌데 나 자신이 낯설게 느껴졌다.

가르치는 일을 쉬웠던 적은 없었다. 한국어가 서툰 학생들이 많은 학급 구성에 적응하고 아이들에게 맞는 수준별 수업을 준비하느라 오히려 더 많은 수업연구시간이 필요했다. 한국에서는 일을 집에 들고 와 본 적이 없었는데 해외에서는 퇴근하고도 수업준비나 업무를 놓지 못하는 것이 거의 일상이었다. 한국으로 돌아갔을 때, 누군가가 "해외에서 5년 동안 뭐하다 왔어?"라고 물으면 그냥 "아이들 가르치다 왔어요."라고 대답해야 할 상황이 그려졌다. 그리고 그간 내가 놓친 변화에 빠르게 적응해야 할 것이다. 원래 그 자리에 있었던 사람처럼 잘 적응할 거라는 자신은 있었다. 다행히 재외한국학교 가기 전 근무하던 학교로 복직하게 되었고, 희망했던 학년에 배정되어 든든한 동료 선생님들 덕분에 코로나 19로 전 세계가 어수선한 시국에 무탈하게 학교생활과 1급정교사 연수, 대학원 준비 등 미뤄두었던 숙제들을 해 나가고 있다.

재외학교 생활을 책으로 쓰게 되면서 지난 5년을 돌아볼 수 있어 뿌듯했고, 이 책을 읽을 누군가에게 해외 살이, 재외학교에 도전해보고 싶은 동기가 되길 기대한다.

2020년 8월, 한국에서
생활 여행자 김행화

• Contents

제3장
더 나은 삶을 위한 슬기로운 재외학교 생활

제1장

생활 여행자로 산다는 건

인생의 5분의 1을 해외에서 살다

어릴 적부터 방랑의 기질이 있었다. 엄마에게 행선지를 알리지 않고 친척 언니를 따라 놀러 가서 밤늦게 집에 돌아와 아주 호되게 혼이 난 날에도 혼나는 순간엔 잘못했다는 생각이 들었지만 이내 새로운 동네에 첫발을 디뎠던 그 설렘으로 가득했다.

태어나서부터 자란 집에서 대학을 가기 전까지 단 한 번도 이사해본 적 없이 한 동네에서만 쭉 붙박이로 살았던 나는 전학을 가고 전학을 오는 친구들이 그렇게 부러울 수가 없었다. 학교가 집에서 초등학교, 중학교, 고등학교 순으로 가까워서 행동반경이 점점 더 줄어들다 보니 가끔은 버스를 타고 1시간 통학하는 친구들마저 부럽기에 이르렀다. 그렇게 작은 나의 마을에서 유년시절을 보내고 수능을 보고 대학을 지원하는 데 부모님께서 농담 삼아 "집에서 대학 다니면 차 사줄게." 하셨다. 하지만 내 선택은 집에서 가장 먼 대학이었다.

20년 가까이 평생 살았던 둥지를 떠나 400km 떨어진 먼 곳으로 비행을 떠나는 느낌은 짜릿했다. 원래도 제멋대로인 성격이었지만 새로운 곳에서 새로운 사람들을 만나고 대학에서 내가 직접 고른 교양수업을 듣고 동아리도 가입하는 그런 자주적인 생활은 상상 이상으로 즐거웠다. 처음 열쇠를 가지고 불

꺼진 자취방 문을 열고 들어갈 때 느끼던 쓸쓸함은 하루 이틀 사이 사라지고 사투리도 고쳐지고 처음부터 서울에 살았던 사람인 양, 잘 적응해서 살게 되었다.

새내기 시절을 만끽하던 6월의 어느 날, 지도 교수님과 면담 팀이 함께하는 식사자리가 있었다. 신입생들이 대학에서의 첫 학기를 알차게 보냈는지 이야기하고 첫 방학 계획도 묻는 그런 화기애애한 자리였다. 나의 지도 교수님은 그 해에 학생처장이셨는데 중국 대학과의 첫 교환학생 사업을 맡고 계시기도 했다. 당시만 해도 중국유학이 그리 보편적이진 않았고, 나의 전공 특성상 중국어는 거의 필요가 없었던 터라 인기가 없었다. 그래서 가기로 했던 4학년 선배 1명마저도 최종 선발 후에 포기해서 교수님의 입장이 꽤 곤란하다는 말씀을 하셨다.

"1학년들도 이런 좋은 기회가 있으니 졸업을 빨리하는 것에만 너무 신경 쓰지 말고 도전해보는 것이 어떤가?" 하는 말씀에 덥석, "정말 1학년이라도 괜찮다면 제가 가고 싶습니다!" 말을 뱉어 버렸다. 교수님도 동기들도 깜짝 놀랐으나 정작 나는 거창한 계획이나 목표가 없었다.

'나를 아는 사람이 아무도 없는 곳에 가서 산다는 것은 어떤 기분일까?'

단순한 호기심만 가득 찬 상태였다. 20살의 나는 지금의 나보다 더 용감했고, 무모했다. 부모님께는 "교환학생에 신청해서 선발되었기 때문에 무조건 가야 해요."라고 했고, "아니, 무슨 초등학교 선생님이 중국 교환학생을 가니? 중국어 가르치지도 않는데!" 하시던 부모님은 지금까지도 내가 쟁쟁한 경쟁을 뚫고 선발되어 교환학생을 다녀온 것으로 알고 계신다.

이것이 첫 해외 방랑의 시작이었고, 이후 방랑의 든든한 밑거름이 되는 시간이었다. 지주라는 안휘성의 작은 도시는 교환학생에게는 최고의 도시였다. 한국어를 쓰고 싶어도 쓸 곳이 없고 그때만 해도 아직 스마트폰은커녕 인터넷도 쉽게 쓸 수 없을 때라 자연스럽게 한국과의 연락도 최소한의 생존보고 수준이었다. 한국인 교환학생은 2명인데 중문과 교수님 세 분이 듣기, 말하기, 독해, 문법, 작문을 가르치셨다. 어학 환경이 이보다 더 좋을 수는 없었다. 중국어는 못하는데 한자로 의사소통을 하는 이상한 유학생이었던 나는 그 대학, 아니 그 도시의 유명인이었다. 여러 학과의 행사에 초청받거나, 지역 신문 인터뷰, 유학생의 생활을 다큐멘터리로 제작해보자는 제의도 받았다. 중국에서의 하루하루는 생활 여행자로서 모든 것이 신기하고 즐거웠다.

1년의 알찼던 중국 교환학생 생활을 마치고 한국에 돌아오니 베이징 올림픽으로 중국의 위상도 전보다 높아지고 중국어를 배우고 싶어 하는 학생들이나 교수님들이 많아졌다. 그 인기에 힘입어 중국어 동아리를 운영했다. 중국으로 교환학생을 떠나는 학생들이나 중국으로 연구년을 보내러 가시는 교수님들에게 도움이 되었고 나도 그 덕분에 해마다 해외에 있는 재외교육기관으로 교육봉사를 다녀올 기회도 생겼다. 그때 처음으로 '교사가 되면 한국에서만 학생들을 가르치는 것이 아니라 전 세계로도 학생들을 가르치고 나도 새로운 경험을 쌓으며 성장할 수 있는 길이 열릴 수 있겠다.' 싶었다.

학생 땐 그런 생각이 들었는데 막상 임용 시험을 치르고 발령을 받고 나니 신규교사로서 학교에 적응하고 학급 살림살이를 꾸려나가느라 무언가를 준비할 정신없이 3년이라는 시간이 흘렀다. 어디든 신입은 비슷한 어려움이 있겠지만, 학교라는 사회는 내가 적응하는 것에 10만큼의 에너지가 든다면, 무언가를 변화시키고자 하는 데는 100만큼의 에너지가 드는 곳이었다. 그 완급조절을 배우고 아이들과 복작대며 지내다 보니 또 원래부터 그곳에 있었던 사람인 것처럼 잘 적응하고 지냈다. 말씀하신 분의 의도를 맞게 이해했는지는 모르겠지만 "아니, 이제 2년 차라고? 나는 너무 편하게 있길래 한 5~6년 차는 된 줄 알았네."라는 말을 적응을 잘 한다는 칭찬으로 들었다. 적응력 하나는 자랑할 만한 나니까. "넌 사막 가면 선인장으로 김치도 담그고 살 수 있을 거야."라는 말도 진담으로 받아들였으니까.

그렇게 3년이라는 경력이 쌓이고 나니 대부분 재외한국학교에 지원서는 낼수 있게 되었다. 지원서는 한 번에 1곳밖에 넣을 수 없으니 경험 삼아 올해 가장 많이 뽑는 학교에 지원해보자 했다. 그곳이 나의 두 번째 해외살이를 하게된 베트남 하노이였다. 교민이 해마다 늘어나고 학교의 학생 수 역시 내가 근무한 3년 동안 600명에서 1,500명으로 2배 이상 늘어났다. 그 덕분에 많은 선생님이 필요했고 운 좋게도 재외한국학교에 도전한 첫해에 바로 새외한국학교에서 근무하게 되었다.

처음에 2년만 있을 계획이었는데 맡은 업무의 연장으로 1년을 더 머물게 되었다. 3년을 채우고 한국으로 가야겠다 마음먹고 돌아갈 준비를 하던 중, 갑자기 대만의 가오슝 한국학교 채용공고에서 한국무용을 가르칠 수 있고 중국어를할 줄 아는 선생님을 뽑는 공고를 보는 순간 마음이 동해 다시 대만에서 2년 거주를 하게 되었다. 사실 나에게 있어 한국이든, 베트남이든, 대만이든 거주하는나라는 크게 중요하지 않았다. 나를 설레게 하는 곳이라면 어디든 좋다.

가장 최근에 영화관에서 보았던 한국영화 '기생충'에서 배우 송강호의 대사 "절대로 실패하지 않는 계획이 무엇인 줄 아니? 바로 무계획이야. 계획하면 반드시 계획대로 안 되는 것이 인생이거든. 그래서 사람은 계획이 없어야 한다."에서 무릎을 '탁' 쳤었다. 궤변같이 들릴진 몰라도 무계획이기에 매 순간 내가가장 원하는 것에 집중할 수 있었다.

5년의 해외 생활을 하게 된 기저에는 무계획이 깔려있다. 큰 계획 없이도 인생의 5분의 1을 한국이 아닌 다른 세계에서 살았다. 다시 어느 나라로 가야겠다는 계획은 없지만 막연하게 또 어딘가로 떠나게 될 거라는 예감이 든다. 인생은 알 수가 없으니까 내가 행복할 수 있는 곳으로 떠날 기회가 오면 떠나보는 것이다. 떠나기 전의 걱정보다 막상 떠났을 때 새로운 곳에서의 설렘이 더

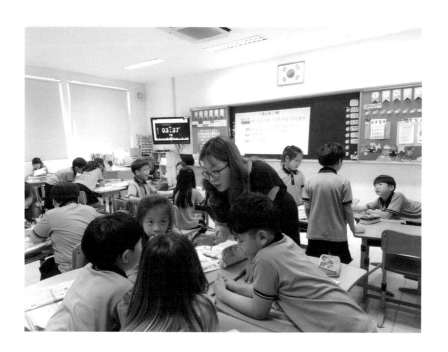

욱 크다는 것은 떠나보기 전까지는 절대 알 수가 없다. 누군가가 해외로 떠날지 말지 망설이고 있다면, 나의 조언을 구한다면 힘껏 등을 떠밀어주고 싶다. 지금 떠나라고.

시장 홀릭

　사람이 많은 곳보다는 한적한 곳을 좋아하지만 1주일에 1번은 꼭 찾게 되는 북적이는 곳이 있다. 바로 시장이다. 상상보다 더 날것 그대로의 물건을 맞닥뜨릴 때면 깜짝 놀라기도 하고 마트에서 보던 것보다 더 신선하고 저렴한 물건을 보면 행복해지는 마법의 장소이다.

　베트남의 시장은 새벽 3~4시부터 판매할 물건을 진열하느라 분주하다. 한국의 재래시장과 달리 입구에서부터 눈길을 끄는 것은 단연 '꽃'이다. 아주머니들이 저녁에 열리는 꽃 도매 시장에서 받아온 색색의 꽃을 작은 수레에 잔뜩 싣고 파는데 그 앞을 지날 때면 꽃향기에 한 단 사지 않을 수가 없다. 계속 더운 여름인 것 같다가도 아침에 꽃수레를 보면 시원한 여름, 덜 더운 여름, 매우 더운 여름같이 계절의 흐름이 느껴진다. 매우 더운 여름이 지나고 덜 더운 여름이 왔을 때 만나는 연꽃이 가장 반갑다. 연잎에 곱게 쌓인 연꽃을 살 때면 괜히 마음도 경건해지는 느낌이다.

입구 좌판에는 아침에 갓 만든 따끈따끈한 두부나 쌀가루가 들어가 겉은 바삭하고 속은 촉촉한 반미를 10,000동(한국 돈으로 500원)에 4~5개를 살 수 있어 가성비와 가심비를 두루 만족시킨다. 반미는 아침에 갓 구워 스티로폼 박스 안에 들어있는데 종이봉투에 받으면 아직 따끈따끈하다. 맞은편에는 옥수수나 검은깨, 콩과 같은 곡물을 끓여 갈아서 만든 건강음료를 파는 곳이 있는데 옥수수 음료는 인위적이지 않은 단맛이 매력이다.

반미 봉지를 들고 시장 안쪽으로 들어가면 새벽까지는 살아있었을 것 같은 모습의 고기와 생선이 천장에 걸려있거나 도마 위에 올라 있다. 원하는 부위를 손으로 가리키고 원하는 만큼의 양을 살 수 있다. 시장을 다니면서 이미 죽었는데 아직 살아있는 것 같은 느낌의 고기와 생선을 만나게 되니 이참에 채식주의자나 되어볼까 하는 생각이 저절로 들게 된다. 채소와 과일 가게도 오늘 갓 수확한 신선한 물건이 가지런히 놓여 있다. 못, 하이, 바(1, 2, 3) 해가면서 손짓 발짓으로 필요한 채소들을 장바구니에 잔뜩 담아도 한 번도 3,000원이 넘었던 적이 없다. 잔뜩 쌓여 있는 열대 과일 더미에서 맛있는 녀석을 고르는 것은 시장 퀘스트의 최고 난이도이다. 내가 용기 있게 요리조리 살피고 향기도 맡아가면서 고른 날은 집에 가서 먹어보면 어쩐지 싱겁다. 자주 가는 단골집의 주인장이 골라 주는 것이 가장 맛있다.

잘 깎지도 못하면서 "1근에 얼마예요? 너무 비싸요, 깎아 주세요." 같은 베트남어도 연습할 수 있고, 다른 건 잘 못 알아들어도 얼마인지는 알아들어야 하니까 숫자 듣기만큼은 기막히게 느는 곳이 바로 시장이다. 베트남은 화폐 단위가 500~500,000까지 있고 숫자를 말하는 방법도 영어처럼 세 단위로 끊어 읽기 때문에 익숙해지는 데 시간이 꽤 걸린다. 시장에서 '10K'라고 적

힌 글자를 발견한다면 10,000동을 의미한다. 머릿속으로는 '10,000(만)'이라고 생각했지만, 입에서 나와야 하는 말은 '10(십), 1000(천)'이어야 한다. 차근차근 생각하면 이해는 되지만 실전에서 '10(십), 1,000(천)'을 듣고 10,000동짜리를 꺼내고, '100(백), 1,000(천)'을 듣고 100,000동짜리를 꺼내고 '500(오백), 1000(천)'을 듣고 500,000동짜리를 꺼내는 것은 오른손으로는 세모를 그리고 동시에 왼손으로는 동그라미를 그리기만큼이나 어렵다.

베트남의 시장은 보통 아침 장사가 끝나면 점심엔 낮잠 시간을 갖고 다시 해가 넘어갈 무렵에 영업을 시작한다. 시장 영업시간에 맞추어 아침에 조금 일찍 출근하거나 저녁에 퇴근 버스를 타지 않고 시장에 들러 양손 가득 장을 볼 때면 여기가 진짜 내 동네가 된 느낌이다.

지글거리던 아스팔트 도로가 따끈해지는 저녁이 오면 베트남 사람들은 집이 아닌 거리로 나온다. 야시장이 열릴 시간이다. 한적했던 거리에 좌판이 들어서고 천막이 펼쳐지고 알전구에 하나둘 불이 들어오면 불나방처럼 사람들이 모여든다. 여행객을 겨냥한 아오자이를 입은 여인이 그려진 각양각색의 기념품들, 요즘 동남아 어느 야시장에서든지 볼 수 있는 열대 과일 무늬의 시원한 파자마들, 야시장에서 빼놓을 수 없는 숯불구이 음식들이나 과일

들이 즐비한 야시장은 재래시장과는 또 다른 매력이 있다.

야시장의 곁길로 들어서면 역시 길거리에 무릎 높이 정도 되는 플라스틱 탁자를 줄줄이 놓고 목욕탕 의자를 깔고 녹차나 커피를 마시며 해바라기 씨나 구아바 같은 주전부리와 함께 수다를 떨 수 있다. 바가지로 퍼 주는 1잔에 400원짜리 맥주를 마시며 거리의 악사들과 함께 밤을 노래하면 현지에 사는 나도 오늘 이 도시에 도착한 듯한 기분에 빠지게 된다.

필요한 물건을 사려고 시장에 가는 것이 누군가에게는 무료한 일상이 될 수도 또 누군가에게는 작은 탐험이 될 수도 있다. 눈을 반짝이며 시장 상인분들에게 말도 걸어 보고 듣도 보도 못했던 물건을 사보기도 하고 먹어보지 못했던 음식도 먹어보자. 생활 속에서 작은 여행을 떠나는 것은 시장 입구에서부터 시작된다.

골목 탐험가

나는 아직 가보지 않은 새로운 동네에 가는 것을 좋아한다. 가끔 무작정 버스를 타고 그 버스의 종점까지 간다. 낯선 길 이름을 소리 내어 읽어보기도 하고 흥미로운 가게가 보이면 중간에 내려서 들어가 보기도 한다. 출근할 때는 출근 시간을 맞추느라 무조건 지름길을 선호하지만 퇴근할 때는 매번 다른 골목으로 들어가 길을 헤매는 것을 즐긴다.

한적한 골목에서 두리번거리는 모양새는 누가 보아도 외지인같이 보이리라. 하지만 구경하는 쪽은 내가 아니라 상대방이다. '이 골목엔 무슨 일로 왔나?' 하는 경계의 눈빛이 아니라 '어떻게 이 골목에 들어왔나?' 하는 호기심의 눈빛과 마주칠 때면 용기가 생긴다. 생면부지의 현지인에게 "저녁은 어디서 주로 드세요?", "어디를 산책하면 좋을까요?"를 물을 때면 내가 이곳에 사는 사람이 아니라 여행을 온 것 같은 상상에 빠진다.

베트남의 골목은 한번 들어서면 '미로'이다. 분명히 직진으로 쭉 가고 있다고 생각했는데 골목을 벗어나면 생각지도 못한 위치에 서 있다. 걷다 보면 때때로 막다른 길과 만나기도 한다. 처음부터 길을 잃기 위한 목적으로 나섰기 때문에 헤매고 싶은 만큼 충분히 헤맬 수 있다. 베트남의 길은 이름이 대부분 유명한 역사적인 인물이다. 홍브엉, 하이 바 쯩, 리 따이 또, 똔득탕 등 여러 도시에서 같은 역사적 인물의 이름을 쓰기 때문에 다른 도시에 가서도 아는 이름의 길이 나오면 아는 사람을 만난 것처럼 괜스레 반갑다.

하노이는 이런 골목 탐험가의 취향을 저격한 36거리가 있다. 거리마다 정해진 상품을 만들어 팔았던 곳으로 꼬불꼬불한 골목마다 서로 다른 36가지의 주제가 있는 곳이다. 어떤 골목으로 들어가면 커피 향이 가득하기도 하고, 어떤 골목은 몸이 좋아질 것 같은 약재의 향이 가득하다. 구부러진 골목을 돌면 어떤 풍경이 펼쳐질까 상상하게 만든다.

대만의 골목은 자로 잰 듯 반듯한 '바둑판'이다. 동서남북 방향만 잘 잡고 걸어간다면 어느 골목으로 들어가도 내가 원하는 곳으로 갈 수 있다. 길 이름에서도 숫자를 사용해서 지도가 없어도 내가 어디쯤 있는지 쉽게 짐작할 수 있다. 삼시 세끼를 밖에서 해결하는 대만이다 보니 다양한 분위기의 골목식당들을 쉽게 찾을 수 있다. 오래된 건물의 분위기를 현대적인 느낌과 혼합하여 독창적인 양식을 만들어낸다. 밖에서 보기엔 입구도 좁고 낡아 보이는 외관에 선뜻 들어서지 못하다가 창문 사이로 따스한 조명이 새어 나오는 것을 보고 들어가 보면 인테리어가 주인의 모습을 닮아있다. 손님이 오면 꼬리를 흔들며 계단을 뛰어 내려오는 털이 보송보송한 고양이가 있는 비빔 우동 맛집이나 LP판을 모으는 취미를 가진 사장님이 운영하는 와인바와 함께 내가 고른 음악을 듣는 음악감상실 같은 곳들이 골목 구석구석에 숨어 있다.

매일 집과 직장을 반복하는 일상 속에서 골목을 탐험하는 일은 소소한 행복이다. 특정한 목적지 없이 직감이 이끄는 대로 체력이 허락하는 만큼 발을 움직이면 된다. 길을 좀 잃는다 해도 어떠냐는 마음이 있으면 문제없다. 익숙한 도시에서 낯선 설렘을 원한다면 골목 탐험을 떠나보자.

머리만 대면 잠드는 능력

    가족들이나 친구들이 종종 "넌 어떻게 그렇게 지치지도 않고 끊임없이 돌아다니냐?"라는 질문을 한다. 아직은 흔한 종합 비타민이나 영양제도 챙겨 먹지 않고 있고 여전히 7kg 남짓의 배낭을 메고 훌쩍 떠나기도 한다. 그 비결이 무엇인가 곰곰이 생각하던 차에 읽던 책에서 그 답을 찾았다. 프랑스의 두 여행 기자가 쓴 여행서인 '여행 정신-현명한 여행자를 위한 삐딱한 여행안내서'에는 여행과 관련된 재미난 여행 용어를 소개하는데 그중 '머리만 대면 잠드는 능력(Dormir)'이라는 말이 나온다. 이 능력이 바로 나의 마르지 않는 에너지의 원천이다.

    나는 주변 사람들이 걱정할 정도로 잘 잔다. 고등학교 때는 오른손에 쥔 펜을 공책에 꽂고 펜을 축으로 삼아 앉은 채로 한두 시간쯤은 너끈히 자고 대학생 때는 지하철 2호선을 타고 자다가 2바퀴를 돌기도 했다. 지금은 서울에서 고향까지 직통으로 가는 KTX가 있지만 10여 년 전에는 중간에서 내려 무궁화호나 새마을호로 환승을 해야 했다. 좌석에 앉기만 하면 잠이 들어 환승역에서 내리지 못해 종점인 부산역까지 간 적도 있다. 깜박 잠이 드는 것이 아니라 휴대폰 전원이 꺼지듯 몸의 전체 기능을 다 끄고 잠이 든다. 잠들기 전에 누워서 도란도란 이야기하는 것은 불가능하다. 친구들과 여행을 가서도 "넌 절대로 누우면 안 돼!" 할 정도이다.

이 능력은 사실 일상생활에서보다는 여행지에서 빛을 발한다. 낯선 도시, 다소 불편한 도미토리 6인실, 8인실, 최대 20인실에서도 늘 꿀잠을 잤다. 친한 친구와 함께 떠났던 인도 배낭여행, 델리에서 자이살메르까지 14시간 기차를 타고 가야 했는데 둘 다 잠드는 것은 어쩐지 불안했다. 게다가 우리 자리는 창문이 고장 나서 모래가 계속 날아들어 오고 기차 소리가 잠들기 어려울 만큼 시끄러웠다. 그래서 우리는 2시간씩 번갈아 가며 한 사람은 잠을 자고 한 사람은 짐을 지키기로 했다. 하지만 미동도 없이 깊고 달게 자는 내 모습을 본 친구가 잠을 포기했다.

세상 모두가 잘 자는 것이 아니라는 것을 알게 되고 불면증이라는 병이 있다는 것을 알았을 때 머리만 대면 잠들 수 있는 능력이 얼마나 큰 축복인지 새삼 깨달았다. 이사를 하거나 여행을 가서 잠자리가 바뀌면 잠을 설치기 마련이라는데 일단 머리만 안정되면 앉으나 누우나 잠을 자니 스스로도 신기하다. 그냥 잘 자는 것에서 멈추지 않고 수면의 질을 더 높이고 싶어졌다. 경추를 잡아주는 기능성 베개와 수면 상태를 측정하는 기능이 있는 스마트 시계를 샀다. 평소에 베개를 잘 베지 않는 습관이 있어 경추 베개는 2주의 적응 기간이 필요했다. 일자목이 되어 경추 베개를 베면 멀미가 나듯 속이 울렁거렸다. 지금은 자는 동안 목도 교정할 수 있고 숙면에도 도움이 된다. 수면 상태는 얕은 수면, 렘수면, 깊은 수면, 3가지로 나뉘는데 눕자마자 바로 깊은 수면으로 들어가는 내 수면 그래프를 보니 이게 제대로 측정되는 것인가 의심이 들었다.

주변 사람들에게 시계를 채우고 실험을 해보니 모두가 눕자마자 잠들 수 있는 것도, 깊은 수면을 하는 것도 아니라는 걸 알 수 있었다. 자기 전에 휴대폰을 멀리하고 잔잔한 음악도 듣는 등 소소한 노력을 통해 점점 더 머리만 대면 잠드는 능력치가 상승 중이다. 깊은 수면이 늘어날수록 아침에 일어났을 때 머리가 맑고 몸이 개운하다. 더 잘 자려고 노력하고 수면을 관찰할수록 미세한 차이가 새롭고 신기하다. 보통 30대 여성의 깊은 수면율은 12~23%라는데 나는 종종 23%를 넘긴다. 생활 여행자로서 소중한 능력을 잃지 않도록 계속 부지런히 갈고닦아볼 요량이다.

셰어하우스 예찬

대가족 속에서 자란 나는 개인 공간은 영 익숙하지가 않았다. 개인 방은 물론이거니와 개인 집 열쇠를 가져본 적도 없었다. 태어났을 때부터 우리 집은 늘 사람들로 북적였고 혼자 있을 기회가 없었다. 집에 도착하면 가족 중 누군가는 꼭 집에 있었기 때문에 불 꺼진 집이 낯설었다. 다른 사람과 공간을 함께 사용하는 것에 익숙했다. 그래서 혼자 사는 것보다 타인과 함께 사는 것이 더 좋다고 생각했다.

하노이에 도착해서 처음 집을 보러 갔을 때, 저렴한 물가와는 달리 집세가 예상보다 훨씬 높았다. 우리나라의 원룸 풀옵션 같은 시설을 갖춘 곳은 찾기 어려웠고 안전하고 편리하게 살만한 곳이 아파트뿐이었다. 그리고 방이 두 개인 집보다 서너 개인 집이 더 흔했다. 기본적인 치안이 보장되면서 주변에 편의시설도 갖춘 곳

에 집을 구하려면 최소 600~700달러 정도가 필요했다. 다행히 나와 같은 상황인 동료가 몇 명이 더 있었고, 셰어하우스를 제안했다. 여러 명이 같이 살기로하고 집을 알아보는데 같이 살 우리보다 주변에서 우려가 컸다. 같이 살다가서로 사이가 안 좋아지면 직장에도 영향을 미칠 수 있고 최악의 경우는 중도귀국을 할 수 있기 때문이다.

"우리가 셰어하우스의 좋은 예가 되어보자!"라며 의지를 다졌다. 만난 지 얼마 되지 않았지만 집을 구하는 과정에서 집의 위치나 조건에 대해서 서로의 의견을 충분히 나누었고 베트남에 있는 시간 동안 무조건 쭉 같이 사는 것이 아니라 우선 1년만 같이 살아보고 그다음 해에는 다시 함께 사는 것에 관한 이야기를 나누기로 했다. 우리가 원하는 집의 조건은 '안전할 것, 통근 시간이 30분이내, 각자의 방이 있으면서 크기가 비슷할 것, 주변에 편의시설이 있을 것'이었다. 하노이는 한국 교민들이 계속 늘어나고 있어 코리아타운으로 불리는 '미딩(my dinh)이나 쭝화(trung hoa) 지역에 한국인이 운영하는 부동산이 여러 곳있다. 현지 집주인과 소통이 어려운 우리는 한국인 사장님이 운영하는 부동산의 도움으로 3일 만에 조건에 맞는 집을 구하고 입주를 할 수 있었다.

첫 하우스메이트들은 나를 포함하여 3명이었다. 원했던 대로 각자의 방이있고 화장실은 안방과 거실에 각각 하나씩 2개가 있어서 화장실이 있는 안방을 4개월씩 돌아가며 사용하기로 했다. 제비뽑기해서 방 순서를 정하고 셰어하우스 생활을 시작했다. 공용공간인 거실과 부엌, 세탁실을 제외하면 크게 부딪힐 일이 없고, 베트남에서는 가사도우미가 흔해서 청소, 빨래, 설거지, 장보기, 요리까지 해주시는 분이 집안일을 도와주시기 때문에 함께 사는 생활은 순탄했다. 퇴근하고 저녁을 같이 먹거나 취미 생활을 하는 등 적적할 틈이 없었고, 집을 관리하는 것도 함께여서 훨씬 수월했다.

셰어하우스에 자신이 생긴 우리는 두 번째 해에는 방이 4개인 더 넓은 아파

트로 이사해서 하우스메이트도 한 명 더 늘려 4명이 함께 살았다. 좋은 사람들을 만나 편하고 재미있게 살았으니 운이 좋았다고 생각한다.

베트남은 한국보다 여름이 덥다 보니 여름방학이 2달 정도 된다. 더운 여름을 피해 방학을 보내고 돌아오니, 그 사이 수도세와 전기세를 내는 시기를 놓쳤다. 집에 오니 수도와 전기가 모두 끊어져 있었다. 나중에 알고 보니 장기간 집을 비울 때는 미리 부동산에 부탁하고 간다고 했다. 가끔 단수되거나 정전이 된 적은 있었지만, 수도와 전기가 동시에 끊긴 적은 처음이었다. 양초를 켜고 생수로 샤워를 하며 어이가 없어 웃음이 났다.

현관문의 두꺼운 문 걸쇠가 녹이 슬어 부러진 적도 있고, 의자의 다리가 삭아서 내려앉은 적도 있고, 번개가 많이 치던 날 밤, 베란다에 박쥐가 죽어있었던 적도 있었다. 비가 많이 내려 동네가 잠겼던 날에는 스쿨버스가 단지로 들어오지 못해서 이웃들의 도움을 받아 물을 건너고 기찻길을 건너 출근하기도 하고, 단수 공지가 뜨던 날에는 집의 그릇이란 그릇에 모두 물을 받아 두기도 했다. 혼자 살았으면 짜증 나거나 무서울 수 있는 문제 상황도 여러 명이 함께 겪으니 한국에 돌아온 지금도 "그때 생각나?" 하며 웃으며 이야기하는 소소한 추억이 되었다.

대만은 베트남보다는 원룸을 찾기가 쉬워서 가오슝 첫해에는 원룸에서 혼자 살았다. 넓은 아파트에서 살다가 다시 원룸에서 살게 되니 답답증이 생길 지경이었다. 대만은 집에서 음식을 하지 않고 주로 삼시 세끼를 밖에서 해결하는 문화이다. 그래서 원룸의 경우는 집에 부엌이 없는 곳이 대부분이고 취사금지를 조건으로 계약을 한다.

내가 살았던 곳은 베란다에 작게 싱크대만 있었는데 집주인에게 미리 고지를 하고 가스버너를 사서 간단한 것만 조리해서 먹을 수밖에 없었다. 전기세도 1도당 2원인데 원룸은 주인이 관리비 명목으로 4~6원을 책정하여 높게 받는다. 계속 원룸에 살기에는 생활면에서나 경제적으로나 여러모로 불편한 점이 많았다. 그래서 두 번째 해에는 다시 주변에 뜻이 맞는 친구들과 셰어하우스에서 살게 되었다. 거실에 앉아 같이 밥도 먹고, 영화도 보고, 수다도 떨다가 쉬고 싶으면 각자의 방에 들어가서 쉴 수 있다.

계속 해외에서 사는 것이 아니라 언젠가는 한국으로 귀국해야 하는 처지에서 생활에 필요한 물건이 많은데 짐을 무한정 늘릴 수 없는 상황에서 셰어하우스에 살게 되면 가전제품이나 주방용품 등을 함께 쓰게 되니 부담이 줄어든다.

어떤 일을 하든 즐거움은 둘이 하면 두 배가 되고, 넷이 하면 네 배가 된다고 생각하기 때문에 여럿이 사는 것은 재미있었다. 특히 한국보다 친구를 사귀기 힘든 해외에서 같은 처지의 동료와 함께 사는 것은 심적으로도 큰 의지가 되었다. 향수병에 걸릴 틈 없이 5년을 즐겁게 보낸 것은 동고동락해 준 하우스메이트들이 있었기 때문이다. 해외살이의 추억을 함께 공유해 준 ㅇㄹ, ㅅㅎ, ㅁㅇ, ㅎㅈ, ㅊㅇ, ㅅㅇㄴ 6명의 하우스메이트들에게 깊은 감사를 드린다.

아무거나 먹기에는 세상에 맛있는 것이 너무 많다

5년간 해외에 살면서 다쳐서 병원에 간 적은 있지만 아파서 병원에 간 적은 없었다. 그 비결은 현지에서 나는 제철 식재료로 만든 삼시 세끼를 꼬박꼬박 잘 챙겨 먹는 것이다. 우리나라와는 다른 식재료와 조리법을 사용하는 다른 나라에서 '아무거나'로 끼니를 때우는 것은 아쉽다. 향신료에 대한 거부감이 크지 않아서 재료만 신선하면 우선 시도를 해보는 편이다. 많은 사람이 두려워하는 '고수'는 일부러 찾아 먹진 않아도 들어있으면 그 나름의 매력이 있어서 미리 빼 달라고 말하지 않는다.

대부분 채소는 괜찮지만 고기 재료에는 다소 민감한 편인데 한국에서도 고기를 먹으면 살코기만 먹고 내장이나 기타 특수 부위들은 안 먹기 때문에 메뉴판에서 재료를 우선 확인하는 편이다. 다져지거나 갈려있는 고기도 잘 안 먹는다. 조리법은 구운 것이나 튀긴 것을 좋아하고 삶거나 물에 빠진 상태를 별로 좋아하지 않는다. 옛 어른들 말씀에 무엇이든 가리지 않고 먹어야 어디 가서 밥도 잘 얻어먹을 수 있다는데 잘 먹지 않는 것을 쓰고 보니 이번 생에 밥 얻어먹고 다니기엔 그른 것 같다.

그래도 식성을 뛰어넘는 도전정신이 있기에 늘 가는 식당, 같은 메뉴보다는 새로운 식당, 나만의 맛집을 찾아다닌다. 누가 이 집 맛있다며 맛집을 추천해 주어서 간 식당에서 검증받은 맛있는 것을 먹는 것보다 우연히 찾아낸 나만의 맛집이 더 맛있게 느껴진다. 어떤 음식이 나올까 기대하고 나의 기대를 뛰어넘는 음식이 나왔을 때의 희열은 단순히 음식이 맛있을 때 느낄 수 있는 미각의 기쁨을 뛰어넘는다.

내가 좋아하는 김영하 작가의 산문집 『여행의 이유』에 '어느 나라를 가든 식당에서 메뉴를 고를 때 너무 고심하지 않는 편이다. 운 좋게 맛있으면 맛있어서 좋고, 대실패를 하면 글로 쓰면 된다.'라는 구절이 있다. 이 구절에는 도무지 공감할 수가 없었다. 나는 맛있어야 한다. 실패하고 싶지 않다. 그래서 길을 걷다가 현지인이 많이 가는 곳을 발견하면 구글 지도에 '다음에 가볼 곳'으로 기록을 해둔다. 그 골목을 가게 되면 다시 그 집을 찾아가서 주변 사람들이 많이 먹는 메뉴를 시킨다. 음식 이름은 먹어보고 맛있을 때 물어보면 된다.

먹어보기 전에는 옆 사람에게 잠시 실례를 구하고 '이거 먹고 싶어요.'만 말하면 주문은 일사천리이다. 다시 먹고 싶거나 다른 사람들에게 추천하고 싶은 맛이라면 구글 지도에 별표로 다시 표시해둔다. 별이 쏟아지는 지도는 알고 있는 맛있는 맛을 두고 새로운 탐험을 나선 나에게 주는 상과 같다.

베트남의 요리는 마늘, 고추, 파를 많이 쓰다 보니 한국인의 입맛에 대체로 잘 맞는다. 1년에 삼모작이 가능한 나라인 만큼 쌀로 만든 요리가 한국만큼이나 풍부하다. 쌀가루를 이용해서 빵도 만들고, 국수도 만들고, 종이 같은 얇은 피도 만들어서 소화도 잘 되고 부드럽다. 밥을 '껌(Com)'이라고 부르는데 동남아 지역의 얇고 길쭉한 쌀로 짓는다. 이 밥은 그냥 먹는 것보다는 볶음밥으로 만드는 것이 더 맛있다.

- 베트남 음식

한국에서도 많이 먹는 쌀국수는 주로 아침으로 많이 먹는데 납작하고 넓은 면을 '퍼(Pho)'라고 한다. 고깃국을 즐겨 먹지 않는 나도 '퍼'는 종종 찾게 되는데 아침에 만든 생면으로 끓인 '퍼'는 베트남에서 즐길 수 있는 최고의 조식이다. 라임즙이나 남방 고추를 넣어서 새콤 매콤하게 만들면 얼큰해서 해장으로도 좋다. 더울 때는 국물이 없는 비빔국수 형태의 '분보남보(Bun Bo Nam Bo)'나 분팃느엉(Bun Thit Nuong)'도 즐겨 먹었다.

하지만 최고의 쌀국수는 뭐니 뭐니 해도 '분짜(Bun Cha)'이다. '분(Bun)'은 소면처럼 얇은 기둥 형태의 쌀국수인데 베트남의 전통 소스인 '느억맘(Nuoc mam)'과 그린 파파야를 넣어 끓인 새콤달콤한 맛이 나는 국물과 숯불에서 구운 양념 돼지고기, 향긋한 허브를 함께 싸서 먹는 음식이다. 아직 이 '분짜'를 싫어하는 사람을 만나지 못했는데 베트남 음식 중에서 가장 그리운 음식이 바로 '분짜'이다. 미국의 오바마 대통령도 베트남을 방문했을 때, 공식적으로 찾은 현지 음식점이 바로 '분짜'집이었다. 동양과 서양의 입맛을 모두 만족시키는 음식이다.

요즘 한국에서는 대만 대왕 카스텔라의 시대가 지나가고 대만식 샌드위치, 대만식 흑당 밀크티가 줄 서서 먹을 만큼 인기가 있다고 들었다. 당 떨어진 느낌이 들 때 흑당 밀크티 한 모금이면 정신이 번쩍 들 정도로 달콤해서 중독성이 있다. 그렇지만 내가 대만에서 즐겨 마시는 음료는 과일 차이다. 한국에서 대만으로 손님이 오면 꼭 소개하는 음료는 패션프루트티(百香雙Q果-패

션프루트 생과일+우롱차+코코넛 젤리+하얀색 타피오카)인데 패션프루트의 새

콤함과 코코넛 젤리의 오독오독함, 타피오카의 쫀쫀한 식감이 어우러진 맛이다. 날씨가 더워서 아무것도 먹고 싶지 않을 때 패션프루트 차를 마시면 도망간 식욕이 돌아온다.

대만은 중국에서 유명한 음식들을 고루 맛볼 수 있다. 중국의 면적이 넓다보니 기후도 다양하고 그에 따른 식재료나 조리법도 무궁무진하다. 그런 식문화가 대만에 고스란히 있어서 미식가도 많고 맛있는 음식도 많다. 그중에서도 내가 가장 좋아하는 메뉴는 아침 식당에 있다. 아침 식당에서 파는 메뉴는 주로 '딴빙(蛋餠)-대만식 부침개'나 '탕빠오(湯包)-동그란 왕만두'이다. '딴빙'은 겉의 반죽은 쫄깃쫄깃하고 안에 들어갈 재료는 직접 고를 수 있는데 옥수수, 바질, 고구마, 김치, 치즈, 베이컨, 참치, 소시지, 닭고기, 돼지고기 가루 등 처음 가면 무엇을 골라야 할지 고민이 될 정도로 선택지가 많다. 2개 이상을 골라도 되니 재료를 조합하면 수십 가지의 메뉴가 있는 셈이다. 갓 구운 바삭한 부침개 속에 자기가 직접 고른 좋아하는 재료가 들어있으니 누구라도 만족시킬 수 있는 음식이다. 거기에 달콤한 '홍차'나 '또우장(豆漿)-콩 음료'을 곁들이면 건강한 아침 식사가 된다.

처음 대만에 왔을 때 맛있는 '딴빙'집을 찾으려고 매일 아침 일찍 일어나 집과 직장 주변의 '딴빙'집 탐험을 했다. 우리나라에서도 김밥집이 무수히 많지만, 가게마다 재료가 조금씩 다르고 맛이 다르듯 '딴빙'도 비슷한 것 같지만 가게마다 같은 이름, 다른 음식의 느낌으로 즐길 수 있다.

대만 음식은 선택하는 것을 좋아하는 사람들에게 잘 맞는다. 어디를 가든지 개인의 음식 취향이 존중받을 수 있다. 2,000원짜리 아침 식사가 이 정도인데, 점심이나 저녁을 먹는 식당은 상상 그 이상이다. 저녁 메뉴를 주문하는 것은 행복한 선택의 연속이다. 대만 사람들이 즐겨 먹는 야식인 '옌쑤지(鹽酥雞)'나 '루웨이(滷味)'는 아예 손님에게 바구니를 주고 투명한 냉장고 안에 있는 손질

된 재료를 담게 한다. 손님이 바구니에 고른 것을 '엔쑤지'는 튀겨 주고 '루웨이'는 짭조름한 탕에 넣어 데쳐 준다. 언제 먹어도 맛있을 수밖에 없는 것이 들어간 모든 재료가 다 내 집게를 거쳐 간 것이다. 마치 스스로가 요리에 동참한 것 같은 느낌을 주는 재미있는 음식들이다.

짧은 여행에서 한 끼 한 끼의 중요함과 소중함을 잘 알고 있다. 하지만 어느 블로그, 카페에서 맛집이라고 소개한 집에 1시간 이상 줄을 서기보다는 내가 좋아하는 재료나 방문한 나라의 제철 재료로 만든 음식을 찾아보고 시도해 보는 것도 나만의 맛집을 찾을 수 있는 좋은 방법이다. 맛집 탐방도 좋지만, 재료 탐방을 권하고 싶다. 많은 사람이 다양한 식재료에 도전해보고 새로운 맛에 도전해보면 좋겠다. 더운 거리를 걷다 보니 지쳐서 그냥 시원한 곳에 들어가 '아무거나' 먹기엔 세상에 맛있는 것이 너무나도 많다.

본명은 하나인데, 이름은 서너 개

어릴 적 영어를 배우게 되면 한국 이름 대신 '메리, 제임스, 앨리스, 찰리'같이 영어 이름을 지어서 부르는 것이 보편적인 시절이 있었다. 부모님이 지어 주신 좋은 이름을 두고 굳이 다른 이름을 지을 필요가 없다고 생각했기에 성인이 될 때까지도 외국인 친구에게 본명을 가르쳐 주었다. 그러던 차에 2008년 네팔의 워크캠프에서 7개국 12명의 친구와 함께 활동하게 되었는데 내 이름을 제대로 발음하는 친구가 없었다. 독일, 체코, 이탈리아 등 유럽 쪽 친구들이었는데 내 이름을 발음하려 애썼지만, 정확히 발음할 수 있는 친구가 없어 서로 당황해했다.

이런 고민을 친한 미국인 친구에게 이야기했더니 "이름에 '花(꽃 화)'가 들어가니까 영어 이름으로 '블러썸(Blossom)'이 어때?" 하고 지어 주었다. 그래서 영어 이름이 생겼는데 원래 이름이 가진 뜻과 연관된 이름이라 마음에 들었다. 우선은 본명을 알려 주고 'Blossom이라고 불러도 돼.'라고 했더니 많은 친구가 내 이름이 예쁘다며 좋아해 주고 기억해 주었다.

베트남에서는 '호아(Hoa)'라는 이름을 썼는데 '꽃'이라는 뜻도 있고 현지에서도 꽤 흔한 이름이다. 베트남 사람들이 워낙 꽃을 좋아하고 가까이하는 사람들이라 친숙한 이름이기도 하다. 베트남에 3년간 살면서 처음으로 평범한 이름으로 살아보니 신선한 기분이었다. "제 이름은 'Hoa'입니다."라고 말하면 더 이상 묻지도 따지지도 않고 그렇게 'Hoa'로 불렀다.

한국에서는 이름을 말하면 "특이한 이름이네요?"라거나 "아버지께서 국어 선생님이신가 봐요?" 같은 말을 종종 들었는데, 베트남에서는 일상에서 수많은 'Hoa'를 마주치는 것이 신기했다. 한국에서는 같은 이름을 가진 사람을 마주친 것이 전자제품매장의 직원분, 딱 한 번밖에 없었는데 베트남에서는 직장에도 'Hoa'씨가 있고 카페에서도 만나고 내가 가르치는 학생 중에도 있어서 반가웠다.

중국이나 대만에서는 내 한자 이름을 중국식으로 발음하면 '싱화(xinghua)'라는 이름이 된다. 성조가 4성과 1성이고 병음도 발음하기에 조화로워서 이 이름이 본명이냐는 물음을 종종 받았다. 살구꽃이라는 뜻의 '행화(杏花)'와도 발음이 똑같아서 살구꽃이 많이 피는 동네라는 뜻의 '행화촌(杏花村)'이라는 지명도 있었다. 친구들이 내 이름을 '싱화'하고 친근하게 불러주는 느낌이 좋았다.

대만에서는 어른들도 본명보다는 영어로 된 닉네임을 주로 사용한다. 본명을 알려주는 경우는 집 계약이나 은행 계좌를 만들 때처럼 신분증이 필요한 때이고 친구들 사이에서도 중고등학교 학창 시절의 친구가 아니면 서로 본명을 모르는 사례도 있다. 직장에서는 물론이고 대만 친구들이 주로 사용하는 메신저인 'LINE'에도 영어 이름이나 애칭이 적혀 있어서 가끔 친구들의 영어 이름이 똑같거나 이름이 생각나지 않을 때는 친구 목록에서 한참을 헤매기도 한다. 그래서인지 처음 만난 사이인데 본명으로 소개하는 나를 어색하게 받아들였을 수도 있다. 연세가 있으신 분들은 '小金'이라고도 부르시는데 성 앞에 '小'를 붙여 어린 사람을 친근하게 부르는 호칭이다.

내 이름의 정체성을 잃지 않으면서도 현지 친구들에게 친근하게 다가갈 수 있는 여러 가지 이름을 갖게 되어 좋다. 무턱대고 내 이름은 '행화'니까 그렇게 불러 달라는 것이 아니라 내 이름은 아버지께서 행복하고 꽃처럼 예쁘게 자라라고 지어 주신 이름인데 난 본명이 제일 좋지만, 발음이 조금 어려우니 'Blossom'('Hoa'나 'Xing-hua')으로 불러도 좋다는 이야기를 처음 만난 친구들과 나눌 수 있다. 세계 곳곳에 어떤 이름으로 부르든 나를 기억해 주고 환영해 주는 이들이 있어 행복하다. 새로운 나라에서 또 다른 이름을 얻게 되는 날을 꿈꾸게 된다.

저에게 왜 이렇게 친절한가요?

    대만을 처음 여행하는 사람들이 흔히들 하는 말이 '여기 진짜 중국이랑 다르다. 꼭 일본 같아.', '사람들 정말 친절하다.'이다. 일본에 가본 적이 없는 나는 일본이랑 비슷한지는 잘 모르겠지만 확실히 대만 사람들은 친절하다. 가끔은 그 친절을 받는 사람의 관점에서 '나에게 뭐 바라는 게 있나?' 하는 생각이 들 정도로 과하게 친절하기도 하다. '나한테만 이렇게 친절할 리는 없을 텐데?' 싶어 어학당 수업 시간에 슬쩍 이야기를 꺼내 보았다.

    우리 반에는 한국, 캐나다, 일본, 프랑스, 체코, 우크라이나 이렇게 여러 국적의 학생들이 함께 중국어를 배우고 있어서 다양한 의견을 듣기에 좋은 환경이다.

> 나: "대만 사람들 진짜 친절하지 않아?"
>
> 프랑스 친구: "응, 진짜 친절해, 그런데 외국인에게 더 친절한 것 같아."
>
> 캐나다 친구: "너도 그렇게 느꼈지? 나도 내 대만 여자 친구가 주문도 나에게 시킨다니까."

이게 무슨 소리야. 외국인에게 더 친절하다니 정말 새로운 의견 제시였다.

대만인 선생님: "정말로 외국인에게 더 친절해. 왜냐하면, 대만을 방문하는 외국인들이 대만에 대해 좋은 인상을 받기를 바라거든."

국제 사회에서 점점 존재감을 잃고 있는 대만의 생존전략이 바로 '친절'이라는 말씀이었다. 친절이 좋기는 하지만 내가 받은 친절의 강도는 기대 이상이었다.

대만에 온 지 얼마 되지 않아 친한 친구가 출장 겸 나를 보러 대만에 와서 기분이 한껏 들떠 자주 가는 단골 숯불구이 집에 가서 맥주 한잔하며 신나게 수다를 떨었다. 현지인들이 주로 오는 골목이라 관광객을 보기 드문 곳이고 한국어로 이야기하는 우리가 조금 눈에 띄긴 했을 것이다. 친구가 왔으니 이것저것 맛보라고 여러 가지 넉넉하게 시켜서 먹었다. 기분 좋게 자리를 일어서며 계산을 하려는데 주인이 난감한 표정으로 누가 이미 계산을 하고 갔단다.

한국 사람 보니까 기분이 좋아져서 계산했다는데, 우리의 상식으로는 도저히 이해가 안 되었다. 다행히 주인분이 아는 단골이라니 다음에 혹시나 내가 왔을 때 그분이 있으면 꼭 알려주시라고 당부를 했다. 어느 정도 대만인의 친절에 적응해가던 나도, 몇 번 대만에 방문했던 친구도 당황했던 사건이다.

오토바이를 타고 이 골목 저 골목 기웃대기를 좋아하는 나는 현지인으로 붐비는 가게를 발견하면 일단 기억해둔다. 그리고 덜 붐빌 시간을 골라 방문한다. 집 근처에 1주일에 1번은 꼭 가는 국숫집이 있는데 주인아주머니는 일단 내가 등장하면 '한국 예쁜이, 왔어?' 하신다. 어느 날은 입구에서 나를 보시고는 갑자기 가게 문을 열고 식사 중인 어떤 아주머니에게 '오! 네 한국 친구 왔다!' 하셔서 누굴까 했더니 한 번도 본 적 없는 모르는 분이었다. 아는 한국 친구가 있어 예전에 이 집에 같이 왔는데 주인아주머니가 한국 사람이라고 하니 착각하신 것 같다며 이것도 인연인데 하시며 합석을 권하셨다. 앉아서 이야기를 나누어 보니 중학교 선생님이셨고 대화를 잘 이끌어주셔서 식사하는 내내 즐거웠다. 그러더니 갑자기 내가 사는 곳에 관심을 보이셨다.

"원룸인데 가격이 그렇게 비싸다고? 방학 때는 집에 갈 거 아니야?" 하시더니 갑자기 자기 집 방이 4개라고 집 자랑을 하셨다. 남편은 해외파견으로 1년에 1~2달만 집에 오고 딸은 고등학생이라 거의 집에 없고 방이 2개나 빈방으로 있다는 말씀에 끄덕이며 듣던 나는 이어지는 말에 귀를 의심했다. "너만 괜찮으면 그 빈방에 들어와서 살아도 돼." 하셨다. 가끔 본인이나 딸이랑 대화나 나누자는 말씀이었다. 집을 보고 나서 마음에 들면 결정하면 되니까 다음 주쯤에 집에 놀러 오라는 말씀에 순간 어떻게 거절을 해야 할지 몰라 당황했다. "음, 그게. 제가. 지금. 집 계약을. 한 지. 2달밖에. 안 되어서. 아마도. 보증금. 문제도. 있고요." 그랬더니 "그럼 그 계약 끝나고 오면 되지!" 나도 한 '즉흥적'하는 사람인데 황 아주머니가 한 수 위였다. 비록 황 아주머니네 집에서 함께 살게 되진 않았지만, 아직도 가끔 식당에서 만나고 재미난 일이 있을 때 연락하는 좋은 이웃이 되었다.

다소 극단적인 친절에 가까운 에피소드 외에 훈훈한 친절도 주변에서 늘 느낄 수 있었다. 매일 아침저녁으로 만나는 경비원 삼총사인 왕 아저씨, 노 아저씨, 황 아저씨는 웃음으로 인사를 건네주셨고, 집주인 아주머니는 명절에 찹쌀밥, 우리 가족을 위한 선물도 챙겨주시고는 했다. 은행에서 만나는 부장님은 내가 은행에 갈 때면 귀신같이 알고는 버선발로 뛰어나와 반겨 주시곤 했다.

카페나 식당에서 만나는 직원들도 한자로 된 메뉴 읽기가 어려워 주문이 오래 걸리는 나에게 '우리 가게에 처음 오셨죠?' 하면서 한국어 메뉴가 없어서 미안하다며 또박또박 천천히 안내해 주거나, 사람도 들어갈 만한 커다란 찜기가 신기해 쳐다보는 나에게 사진 찍어도 된다며 웃으며 잘 보이게 들어주고는 했다. 지하철이나 엘리베이터에서 무거운 짐을 가지고 있으면 자연스럽게 누군가가 '혹시 도움이 필요한가요?' 하고 물어오는 것은 일상이었다. 먼저 도움을 청하지 않아도 도움이 필요할 것 같은 사람이 보이면 선뜻 나서서 도움을 주는 모습에 감동한 것이 셀 수 없다.

처음 만나 누군지도 모르는 나를 잘 대해 주려는 친절한 마음을 느꼈을 때, 고맙다는 마음에 앞서 '저에게 왜 이렇게 친절한가요?' 뾰족한 경계의 마음이 먼저 드는 이유는 그간 친절을 가장한 뾰족한 가시에 많이 찔려서 내가 먼저 날을 세우게 된 것일까? 갑자기 혹 치고 들어오는 친절에 대한 경계를 완전히 풀기까지 반년 정도 걸렸다. 그 이후에는 이 이유 없는 친절을 한번 즐겨보기로 했다. 웃는 얼굴에 나도 그냥 같이 웃고, 친절한 인사에 나도 친절하게 답하고, 엘리베이터에서 만나는 이웃에게 먼저 인사도 건네 보고 그렇게 조금씩 대만 사람들의 친절에 물들어 갔다.

그렇게 친절에 무방비 상태가 된 후로 여름에 한국 출장이 있어 1주일가량 한국에 가게 되었다. 공항에서부터 위화감이 느껴졌다. 사람들의 얼굴에 웃음기가 전혀 없었다. '여긴 공항이고 지금 성수기니까 다들 지쳤나 보다.' 생각하면서 빨강 신호등에 차가 멈출 때마다 한숨과 나지막한 욕설을 내뱉는 기사님이 운전하는 공항리무진을 타고 숙소에 도착했다.

내가 먼저 웃으며 체크인을 부탁했는데 역시나 무표정한 직원, 저녁을 못 먹어서 숙소 맞은편 부대찌개 집에 갔는데 '맛있게 드세요.' 하며 무표정한 식당 사장님의 모습에 당황하기 시작했다. '내가 뭘 잘못했나? 아니면 이번 여름이 너무 더워서 사람들이 다들 지쳤나?' 자꾸만 머릿속으로 사람들이 친절하지 않은 이유를 찾게 되었다.

다음날, 연수에서 사례 발표를 맡게 되어 10분가량 마이크를 잡았는데 무표정한 청중들의 얼굴을 보니 그만 덜컥 긴장해버렸다. 그제야 알 수 있었다. 아, 내가 대만 사람들의 친절에 중독되었구나.

　대만을 떠나게 되면 가장 그리울 한 가지를 꼽으라면 망설임 없이 '대만 사람들의 친절'이다. 낯선 이방인에게 아낌없는 친절을 베푸는 사회 속에서 살았던 경험은 그 무엇보다도 오래도록 기억에 남을 것이다. 내가 앞으로 살아갈 곳이 친절을 만났을 때 '저에게 왜 이렇게 친절한가요?'라고 묻지 않아도 될 수 있는 그런 사회이길 꿈꾸게 된다. 내가 먼저 낯선 이에게 하루에 한 번이라도 작은 친절을 베풀려고 노력할 것이다. 그 친절이 또 누군가에게 전해지기를 바라면서 우리가 모두 친절에 중독되는 경험을 느낄 때까지 대만에서 얻은 친절 씨앗을 뿌릴 것이다.

1년 중 절반이 여름인 곳에서 산다는 건

한국에서도 1년에 눈이 1번 내릴까 말까 한 남쪽 도시에서 태어나서 쭉 자랐던 나는 추위를 싫어한다. 처음 대학을 갔을 때 4월에도 눈이 내리는 것을 보고 과연 이 날씨에 살 수 있을까 싶었다. 더워서 병이 난 적은 없지만 추우면 꼭 몸살이 났다. 날씨가 추우면 오한이 쉽게 들고 두통도 심해지곤 했다. 그렇다고 더위를 좋아하느냐? 그것도 아니다. 더우면 땀이 나고 화장도 지워지고 돌아다닐 기운이 나지 않는다. 추우면 옷을 더 껴입으면 되지만 덥다고 홀딱 벗고 다닐 수는 없지 않은가.

열대지방에 가서 살 거라고는 꿈에도 생각하지 못했던 내가 베트남에 가게 되었다. 2월 말에 이사를 준비하면서 여름 짐은 배편으로 보내고 가지고 간 트렁크에는 얇은 봄옷들이 들어있었다. 배가 올 때까지 3주 동안은 봄옷을 입을 생각이었다. '그래도 제일 시원한 때이니까 여름옷은 아니겠지' 하는 안일한 마음이었다. 낮 기온 25도 내외의 습한 날씨에 집 보러 다니느라 하루 종일 바깥에서 돌아다녔더니 바로 깨달았다. 망했구나. 90%가 넘는 습도에 온몸이 진득해지고 곱슬머리가 존재감을 뿜어내고 화장은 이미 점심때부터 지워지고 없었다.

어쩌자고 꽉 막힌 구두와 운동화만 가지고 온 건지, 이게 2월 날씨라니 충격이었다. 더위보다는 습도가 더욱 걱정이었다. 빨래하면 옷이 마른 것처럼 보이지만 만져보면 눅눅했다. 자려고 침대에 누우면 이부자리가 축축했다. 그래서 베트남에서 가장 먼저 샀던 물건은 제습기였다. 제습기는 4평 남짓의 조그마한 방에서 매일 5L가 넘는 물을 만들어냈다. 제습기 덕분에 약간의 습기를 덜어냈다 싶다가도 환기를 시키려고 창문을 열면 방이 금방 습기로 가득 찼다. 서랍마다 습기제거제를 넣어두었지만 2주도 되지 않아 물이 가득 찼다. 그야말로 습기와의 전쟁이었다.

습기에 익숙해질 무렵, 더위도 슬슬 발동을 걸기 시작했다. 본격적인 더위는 4월부터인데 이미 한국의 한여름 온도를 넘어섰다. 1년 중 4월에서 10월은 한국의 여름과 비슷하거나 그보다 더 더운 날씨이다. 습식 사우나 속에서 살면서 하나하나 포기하는 자신을 발견했다. 색조 화장을 하는 것은 사치라는 것을 깨달았다. 예쁜 원피스보다 시원하고 통풍이 잘되는 옷이 최고였다. 구두보다 물에 젖어도 금방 건조되는 신발이 필요하다는 것을 체득했다. 다행이었던 것은 근무하는 곳은 주로 실내였고 근무시간 내내 에어컨이 가동된다는 점이었다. 한국에서는 냉방 온도가 26도로 맞춰져 있고 한창 더운 점심시간에 1~2시간 틀 수 있는 에어컨을 여기서는 내 필요에 따라 하루 종일 틀 수 있으니 실외로 나가지만 않는다면 실내에서 더위 때문에 고생할 일은 없었다. 다만 하루 종일 에어컨 바람을 쐬다 보니 냉방병이 올 수 있고 눈이나 목이 쉽게 건조해졌다. 마스크를 쓰는 것이 좋고 물을 많이 마셔야 한다.

이런 날씨는 사람에게는 힘들지만, 동물이나 식물에는 잘 맞는 것 같다. 한국에서 만났다면 희귀할 수 있을 정도의 엄청난 크기의 바퀴벌레나 거미, 도마뱀, 뱀 등을 만날 수 있었다. 가로수는 하루가 다르게 쑥쑥 자라고 이파리도 아침저녁이 다르게 금세 커졌다.

시장엔 망고, 망고스틴, 파파야, 람부탄, 리치 같은 신선한 열대과일들을 쉽게 살 수 있었다. 사람들은 더운 낮이 되기 전에 아침 6시도 되기 전부터 활동을 시작하고 11시 즈음엔 점심을 먹고 2시까지는 더위를 피해 휴식을 취했다. 다시 오후가 되면 바깥 활동을 시작하고 밤에 열리는 야시장엔 사람들이 늘 북적였다. 나도 자연스럽게 저녁 산책을 즐기게 되었다.

베트남에서 3년간 살다 대만으로 거주지를 옮기게 되었을 때 그래도 베트남보다는 북쪽이니까 조금은 시원하겠구나! 기대했는데 섬나라라 해양성 기후였다. 베트남보다 조금 덜 덥고 겨울엔 조금 덜 추웠다. 대부분 날이 흐렸던 베트남과는 달리 쨍쨍한 햇빛을 볼 수 있어서 바닷가지만 덜 습했다. 90%의 습도가 70% 정도로 내려갔다고 초반에는 눈이나 손이 건조한 느낌이 들었다. 하지만 여전히 외출할 때 제습기는 꼭 틀어야 한다. 주말에 이불을 세탁해서 햇볕 냄새나게 바싹 말리는 것이 취미가 될 줄은 몰랐다.

둘러싼 환경이 변하니 생활습관도 자연스럽게 변하게 되었다. 아침저녁으로 샤워를 하게 되는 것은 당연했다. 차가운 음료를 좋아하지만 덥다고 해서 매번 찬 것만 먹으면 안 되니 더워도 따뜻한 차나 커피를 마시게 되었다. 쓰레기는 매일 꼬박꼬박 버리게 되었다. 틈만 나면 밖을 돌아다녔던 것도 더우니 집에서 할 수 있는 취미가 늘었다. 주말에 시원한 집에서 독서, 보드게임, 프랑스 자수를 하거나 프로젝터로 영화 보는 것은 예전엔 거의 없었던 일이다.

습관뿐만 아니라 몸도 달라졌다. 신진대사가 활발해지다 보니 손발톱이 빨리 자라 매주 깎아야 하고 머리카락도 6개월 만에 한 뼘이나 자랐다. 피부는 건조함이 없어서 좋기는 하지만 땀이 많이 나면서 모공이 늘어났다. 원래 몸에 열이 많은 편인데 내 손바닥, 발바닥이 몸에 닿는 것도 덥게 느껴져서 만세를 하거나 대 자로 뻗어서 자게 되었다. 헬스장을 좋아하지 않는데 밖에서 운동하는 것은 집 밖을 나서는 순간부터 땀이 나니까 어쩔 수 없이 헬스장을 다니게 되었다.

계절의 변화는 뚜렷하지 않지만, 자세히 보면 느낄 수 있는 미묘한 변화들을 찾아내는 것도 나름대로 즐겁다. 다 같은 열대과일 같아도 더위의 정도에 따라 제철이 있고, 태풍이 많이 오는 시기도 있고, 저마다 꽃이 피는 시기도 정해져 있다. 연교차가 50도 이상 되는 한국과 달리 연교차가 20도 안팎이지만 패딩도 입고 어그부츠 신는 사람을 만나기도 한다.

가끔은 한국의 4계절이 무척 그립다. 봄이 되면 색색의 꽃이 피고 모든 생명이 움트는 따뜻함이 있고 가을이 되면 산이 울긋불긋 물들고 들에 곡식과 열매들이 영그는 풍성함이 있으니까. 4계절이 뚜렷한 나라에서 살다가 이렇게 여름이 긴 곳에서 살게 되니 시간에 상대적으로 무뎌진다. 하루가 긴 것 같으면서도 1달이 훌쩍 지나가 있기도 하고, 한 해가 끝나가는 시기에 있기도 하다. 이렇게 한국을 떠나 5년이라는 시간이 흘렀다.

시간에 무뎌지는 만큼 성격이 느긋해지려나 싶었지만, 성격은 신기하게 그대로이다. 그래, 변하지 않는 것도 하나쯤은 있어야겠지. 중국어 표현 중에 '쩝 慣了嗎?'라는 말이 있다. 직역하면 '여기 사는 것이 습관이 되었냐(=적응되었냐)?'는 말인데, 그 말을 들을 때마다 적응을 안 할 수가 없다는 생각이 든다. 적응을 못 하면 한국에 가야 하고 빨리 적응을 해야 여기에 살 수가 있다. 창문을 열었을 때 훅 찌는 듯한 더위와 습기가 들어오면 얼굴이 찌푸려지고 지글지

글한 아스팔트 위에서 빨간 불에 서 있으려면 발바닥이 아니라 머리가 후끈후끈 달아오른다.

내가 지금 여기서 무엇을 하고 있나. 현자 타임을 매 순간 맞닥뜨린다. 적응했다는 것은 참을 수 있다는 것이지 만족스럽다는 뜻이 아니다. 예상할 수 있는 만큼 참을 수 있는 범위가 늘어날 뿐이다. 더위가 아니라 인생에서 우리가 맞게 되는 대부분 일이 그러하다. 새로운 직장, 새로운 인간관계에서 적응은 더위에 적응하는 그것과 별반 다르지 않다. 생각해보면 나에게 적응이란 그런 것이었다.

제2장

한국에서 안 하던 짓은
해외에서도 하지 말라던데

내 나라, 대한민국

한국에 있을 때도 한국 전통과 관련된 것을 보면 마음이 흐뭇했다. 학창 시절 순우리말 대회에 매년 참가했던 것과 대학 4년간 한국무용을 배웠던 것은 우리의 것을 더 알고 세계에 알리고 싶은 욕심 때문이었다. 알면 알수록 한국의 문화는 독창적이고 우수하고 아름답다. 자랑하고 싶은 문화가 정말 많은데 한국에 있을 때는 아쉽게도 자랑할 곳을 힘들여 찾아야 했다. 그래서 해외에 나가서 살면서 마음껏 우리나라 자랑을 해보기로 했다.

베트남은 2015년 처음 갔을 때부터 한류의 영향으로 젊은 친구들이 한국에 관심이 많았고 베트남 축구 국가대표 박항서 감독의 선전으로 한국에 대한 호감이 나날이 고조되었다. 그런 분위기에서 한국어를 가르치고, 한국 문화를 알리는 것은 신바람 나는 일이었다. EXO나 BTS 오빠들을 위해 한국어를 공부하고 한국 문화를 배우는 베트남 친구들을 보면서 아이돌 이외에도 한국의 더 다양한 모습을 알려주고 싶었다. 베트남에 골프 여행 와서 한국어를 할 줄 아는 베트남 친구들에게 하대하며 거들먹거리는 한국 사람이 전부가 아니고, 한국 문화는 예의를 중요시한다는 것을 보여주고 싶었다. 일반 재외국민이 아닌 한 명의 민간 외교관이라는 마음으로 '내 나라' 알리기에 앞장섰다. 청소해주시는 분들께

도 늘 먼저 베트남어로 웃으며 인사드리고, 한국어와 베트남어 언어교환 모임도 만들고, 한국 전통놀이를 현지에 알리는 프로젝트나 다문화가정 어린이와 부모님들을 위한 활동을 운영했다. 외국인이나 다문화가정 학생들에게 한국어를 가르치는 것은 우리나라 학생들에게 국어를 가르치는 것과 달라서 한국어 교원 3급 과정을 온라인으로 수강했다. 하루하루가 바빴지만 내가 원하는 일을 하기에 보람 있고 뿌듯한 나날이었다.

대만에 살면서 내가 느낀 대만은 한국을 좋아하면서도 질투한다는 것이었다. 정작 한국인은 대만의 소식을 잘 모르는 경우가 더 많다. 단적인 예로 한국에서는 특별한 사건이 있지 않은 이상 아침이나 저녁 뉴스에서 대만에 관한 내용을 볼 일이 거의 없다. 대만에서는 거의 매일 한국에 대한 뉴스가 나온다. 처음에는 한국이라고 하면서 굉장히 다급한 목소리로 보도하여 깜짝 놀랐

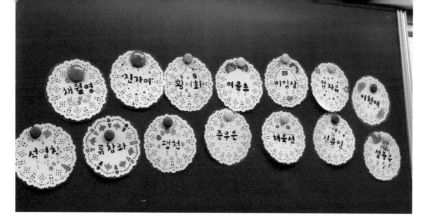

었는데 10년 전, 20년 전 사건이었다. 2018년 지방선거 때는 우리나라 선거방송이 재미있다며 10분 넘게 대만 뉴스에 방송되기도 했다.

　내가 만난 대부분의 대만인은 한국을 뚜렷하게 인식하고 있었고 왜곡된 시선을 가진 사람도 많았다. '한국에서는 공자를 한국인이라고 한다.'거나 '한국 여자는 90% 이상이 성형했다.'와 같은 내용을 사실 확인 없이 굳게 믿고 있거나, 국제대회에서 불공정한 판정을 받았던 일로 마음에 앙금을 가진 사람들을 잊어버릴 만하면 만나곤 했다. 약속이 있어 평소보다 치장에 신경을 쓰고 나가는 날에는 어김없이 '너 일본인이니?' 하는 말을 듣게 된다. 그럴 때는 '아니.'라고 간단히 대답하지 굳이 '난 한국인이야.'라는 말은 하지 않는다.

　자격지심일 수도 있겠지만 나를 일본인으로 오해한 사람은 내가 일본인이었으면 하는 마음이 담겨있다고 생각하기 때문이다. 한국인인 것을 아는 순간

눈빛이 실망으로 바뀌는 것을 종종 보았기에 계속 대화를 이어가야 하는 상대가 아니라면 군이 애써 대화하지 않았다.

여러 나라를 짧거나 길게 다니면서 '인종차별'이나 '무관심'은 받아보았지만 '나 한국 싫어해!'라고 말하는 혐한을 몸소 겪었던 일은 없었기에 처음에는 꽤 당황스러웠다. 나는 대만이라는 나라를 좋아하는데 짝사랑은 체질이 아니라서 오기가 생겼다. 평소에 생활한복을 더 자주 입고 다니게 되었고 대만의 현지 학교에 한국 문화 수업을 나갔다. 한국무용, 사물놀이, 전통놀이, 한글 등을 알려 주고 현지 선생님들과도 교류했다. 개인적으로 알게 된 대만인들은 왜 이렇게까지 나에게 친절한지 의문이 들 정도로 친절하고 열정적이었다. 나를 통해 조금이나마 그들이 가진 편견을 풀고 한국 문화에 관심을 가질 수 있기를 바랐다.

연간 해외 출국자 수가 3,000만 명이 넘고 재외국민이 750만 명이 넘는 시대가 되었다. 한국이 '우리나라'가 아니라 '내 나라'인 곳에서 우리는 개인이 아닌 '내 나라'를 대표하는 사람이 된다. 그들은 나를 통해 '내 나라'를 보고 판단한다. 그들의 눈으로도 아름다운 대한민국을 볼 수 있기를 바라본다.

토요일에 일해요

고등학교에 다닐 때만 해도 '놀토'라는 말이 있었다. 그때는 토요일에도 학교에 다녔었는데 매달 둘째, 넷째 주 토요일에 휴무했던 제도이다. 당시 고등학생이라 아쉽게도 놀토여도 자율학습을 하러 등교해야 했기에 '놀토'의 혜택(?)은 받을 수 없었지만, 곧 토요 휴업제가 시행 예정이라는 말에 놀라웠다. 신분이 학생에서 교사로 바뀌던 2012년에 초, 중, 고 모두 전면 토요 휴업제가 시작되었고 직장인도 법적으로 주 5일 근무제가 서서히 확립되었다. 그렇게 한때 토요일에 학교를 나갔었다는 과거는 까맣게 잊고 '토요일'은 당연히 '쉬는 날'이 되었다.

재외한국학교는 토요일에 주말 한글학교로 장소를 제공하고 선생님들이 주말 한글학교 강사까지 겸임하는 경우가 많다. 내가 처음 근무했던 하노이 한국국제학교도 그러했다. 주말 한글학교에서도 내가 재외한국학교에서 가르치고 있는 학년과 같은 학년의 학생들을 가르치면 그나마 수업 준비가 수월할 텐데 다른 학년일 경우에는 교재 연구까지 따로 해야 하므로 많은 품이 든다. 게다가 같은 학년이어도 해외 생활 기간에 따라 한국어 수준이 천차만별이다. 20명 남짓한 학생들이 기초~중급까지 골고루 분포되어 있고 한 교실에서 같이 수업을 들어야 하니 수업자료도 당연히 수준별로 필요하다. 듣고 말하는 것은 되지만 읽고 쓰는 것이 부족한데 1주일에 1번 수업으로 그 부분을 채우려니 쉽지 않았다.

배운 것을 복습해 와야 발전이 있는데 평일에 학교도 다녀야 하고 1주일에 1번 만나는 선생님과의 약속은 하루만 지나도 금세 잊는 것이 당연지사다. 밑 빠진 독에 물을 붓는 심정으로 토요일까지 보내고 나면 이미 주말이 있는 삶에 익숙한 나는 월요일부터 토요일까지 주 6일을 내리 쉼 없이 수업을 하는 것이 과부하 걸린 듯 힘들었다. 일요일에는 하루 종일 잠만 자면서 체력을 보충해야 했다. 인간은 적응의 동물이라는데 토요일에 다시 일하는 것은 좀처럼 다시 적응이 안 되었다.

두 번째 근무한 가오슝 한국국제학교는 토요일이 근무일이었다. 대신 화요일이 휴무일이다. 가오슝은 하노이와는 다르게 초등학교 교육과정까지만 운영하고 있어서 학생들이 현지 중, 고등학교로 진학하기 위해 현지 초등학교에 다녀야 하는 상황이다. 그래서 오전에는 현지 초등학교에 다니고 오후에 한국학교로 와서 공부하게 된다.

현지 사정에 따라 부득이 오후제로 운영이 되는 것이다. 화요일은 현지 학교에서 오후까지 특별 활동이 있어서 한국학교에 올 수 있는 여유가 없다. 그에 맞추어 한국학교가 화요일 대신 토요일에 운영하게 된 것이다. 월요일 하루 출근하고 화요일에 쉬었다가 수, 목, 금, 토를 출근하고 일요일에 쉰다. 전무후무한 퐁당퐁당 근무일에 낯설고 일요일 하루 쉬고 출근하는 것이 힘들게 느껴지기도 했는데, 선생님이 아무리 힘들어도 학교를 두 군데 다니는 학생들만큼 힘들까 싶었다. 현지 학교 마치자마자 그 가방 그대로 메고서 한국학교로 땀 뻘뻘 흘리며 오는 아이들을 보면 자연스럽게 오늘도 열심히 가르쳐야겠다는 다짐이 생긴다.

토요일에 일하고 있긴 하지만 주 6일 일하는 것도 아니고 내가 언제 평일에 이렇게 쉬어볼 수 있겠나 싶어 화요 휴무일을 만끽했다. '불금' 대신에 '불월'을 외치고 주말에 사람이 붐비는 것이 싫어서 못 가던 미술관, 도서관, 영화관, 쇼핑몰에 가서 전세 낸 듯 느긋하게 문화생활을 보내고 주말에 예약하기도 힘든 맛집도 평일에 가서 즐길 수 있다. 피할 수 없으면 즐겨야지.

나 논다고 자랑하고 싶어서 화요일에 일하고 있느라 한창 바쁠 한국에 있는 친구나 가족에게 연락도 해보았다. 일하는 토요일이 2주 남은 시점에서 한국에 돌아가면 다시 '놀토'에 익숙한 삶을 살게 될 것으로 생각하니 아쉽다. 토요일에 나만 출근하는 것 같은, 평소보다 한가한 출근길에서 '아, 나도 오늘 쉬고 싶다.' 하던 것도 추억이 될 것이다. 일하는 토요일이 그리워질까, 토요일도 일하던 이곳이 그리워질까 마음이 싱숭생숭한 귀국을 딱 1달 앞둔 토요일이다.

글로벌한 취미 생활

시골에서 자랐던 어머니는 배우고 싶은 것이 많았지만 배울 수 있는 곳이 없었다. 그래서 딸이 하고 싶다는 것은 무엇이든 배울 기회를 주셨다. 수영, 피아노, 수묵화, 서예, 디자인, 합기도, 복싱, 중국어, 영어 등 하나를 특출나게 잘하는 것은 없었지만 어릴 때의 다양한 배움은 초등교사라는 직업 면에서도, 해외 생활에서도 상당한 도움이 되었다.

대학생이 되어서는 도전적이거나 창의성을 발휘할 수 있는 취미를 갖고 싶었다. 몸치에게 미리 정해지지 않은 움직임은 어려웠기에 한국무용, 댄스스포츠에 도전했다. 지금도 막춤은 못 추지만 손에 부채나 소고가 쥐어지면 정해진 동작에 따라 움직일 수 있게 된 것에 만족한다. 여기저기 돌아다니는 것을 좋아하니 여행 다니면서 사진을 찍게 되었다. 가장 쉬운 기록방법이다. 그리고 내 마음대로 창작을 할 수 있는 도예와 프랑스 자수를 배웠다. 평소 사용하는 손수건이나 가방 같은 작은 소품들에 내 흔적을 남길 수 있다는 점이 장점이었다. 선생님은 가르치는 것이 직업인데 배우는 것이 아직 더 좋다. '취미 부자'가 되어 더 다채로운 삶을 살고 싶은 사람에게 재외학교는 최적의 장소이다.

해외에 살게 되면서 한국에 있었다면 경조사나 이런저런 모임으로 바빴을 퇴근 후나 주말이 고스란히 내 시간이 된다. 그냥 흘러가 버릴 수도 있는 시간이 취미 생활을 통해 에너지를 채우는 시간이다. 나는 주로 혼자 있는 것보다는 여럿이 함께 노는 것을 좋아하기에 이왕이면 새로운 친구도 사귈 수 있는 취미 생활을 했다.

해외에서도 쉽게 즐길 수 있는 것 중의 하나는 바로 '살사'이다. 대학생 시절 댄스스포츠 배우다 생긴 족저근막염이 아니었으면 매일 살사바에 갔을지도 모르겠다. 살사는 언어가 크게 필요하지 않고 걸음마를 할 수 있다면 누구나 배울 수 있는 취미이다. 어느 정도 규모가 있는 도시에는 살사바가 반드시 하나씩은

있다. 다양한 국적의 친구들도 만날 수 있고 흥겨운 라틴음악도 즐길 수 있다. 살사는 다른 라틴댄스에 비해 배우기가 쉬워서 2~3달만 배워도 충분히 파티에서 어울릴 수 있다.

여러 친구와 함께 즐길 수 있는 취미는 '보드게임'이다. 한국

에 있을 때도 1달에 1~2번 보드
게임 모임에 나가기도 했었는데
아이들 수업에도 응용할 수 있는
게임적 요소가 많아 수업과도 연
계하여 관심 있는 취미이다. 보
통 30분 내외로 끝나는 게임들이
여러 명이 함께하기에 부담이 없
어서 좋다. '우노, 젝스님트, 세트,
켈티스'는 처음 만나는 친구들과
할 수 있는 간단하고 직관적인 게
임이다. 남녀노소 쉽게 할 수 있
어서 가끔 집에 손님들이 왔을 때
함께 게임을 하거나 친구 집에 초
대받았을 때 들고 가기도 한다.

처음 만나서 어색하거나 많은 대화를 나누기에 어려운 관계일 때 보드게임은
좋은 아이스브레이킹이 될 수 있다. 어느 정도 의사소통이 가능하고 보드게임을
접한 적이 있는 친구들과 만날 때는 '콘셉트'나 '보난자' 같은 서로 협력하면서
이야기를 나누는 게임도 괜찮다. 우리 집 인기게임은 '스플렌더'였는데 전 세계
에서 대회가 열릴 정도로 선풍적인 인기를 끌고 있는 게임이다.

'사진'을 찍는 취미도 좋다. 내 주변을 기록하는 것도 의미 있고 익숙한 공간을
새로운 시각으로 볼 수도 있다. 내가 보는 풍경과 타인이 보는 풍경을 공유하면 다
양한 시각으로 세상을 보는 느낌이 든다. 주변에 사진을 찍는 사람들이 있다면 함
께 모여 출사를 가보는 것도 즐겁다. 가까운 근교에 버스를 타고 가서 풍경도 보고
맛있는 음식도 먹으면 기분전환이 된다. 하노이에서는 교직원 사진동아리가 있어

서 사진을 잘 찍는 분께 한 수 배우기도 하고 연말에 전시회도 하게 되어 내가 찍은 사진이 작품이 되는 경험을 할 수 있었다. 요즘은 스마트폰도 성능이 좋아서 꼭 비싸고 좋은 카메라가 아니어도 충분히 사진을 취미로 즐길 수 있다.

'감상'도 멋진 취미이다. 운동경기, 음악회 등 관람은 현지의 문화를 생생하게 느낄 기회이다. 하노이에서는 티켓박스(ticketbox.vn), 가오슝에서는 양청원(www.artsticket.com.tw)이라는 문화예술 전문 예매 사이트를 정기적으로 살펴보면서 매달 한 번 이상은 무엇이든 감상할 기회를 만들었다. 영화관에서 한국영화를 보더라도 영어와 현지어 자막과 함께 보아야 하니 한국에서 영화를 볼 때와는 또 다른 느낌이다.

새로운 친구들을 사귀며 함께 즐기는 취미는 삶을 더 다채롭게 한다. 좋아하는 것의 범위를 확장하고 다양한 취미를 다양한 사람들과 즐기는 것이 내가 추구하는 해외 생활이자 삶의 방향이다. 오늘보다 내일 더 재미있고 즐겁게 살고 싶다면 내가 있는 곳에 구애받기보다는 무엇에 도전해 볼 것인가에 더 집중해 보자.

기동성을 가진다는 것: 오토바이 라이더

베트남이나 대만의 공통점은 오토바이가 보편적인 교통수단이라는 것이다. 교통질서에는 많은 차이가 있다. 베트남 중심지에서 오토바이 수십만 대가 만들어내는 물결 속에 사이드미러도 없는 오토바이를 타고 뿌연 매연을 마시며 앞을 바라보고 있노라면 차라리 오토바이를 버리고 뛰어가고 싶다는 생각도 든다. 그러다가도 인적이 드문 한적한 시간에 드라이브를 나가고 길 위에서 예상치 못했던 멋진 풍경을 만나게 될 때면 역시 기동성이 있어야 한다는 생각이 든다.

해외에 살면서 느낀 것 중 하나는 여행자에서 현지인이 되는 기준이 기동성에 달렸다는 것이다. 공유 자동차나 공유 오토바이가 한국보다 활성화되어 있지만 내가 운전하여 움직이는 것에 비할 바가 못 된다. 그래서 대만에 와서도 거류증이 나오자마자 오토바이 면허증을 만들고 오토바이를 구매했다. 기동성을 가지면서 나의 생활 반경은 무한대로 넓어졌다. 그리고 선택지도 많아졌다.

어학당을 선택할 때도 지하철이 다니지 않는 곳은 아예 다닐 수 없었는데 오토바이가 있으니 나에게 가장 맞는 교육을 받을 수 있는 곳을 고를 수 있게 되었다. 집에서 멀리 떨어진 시장에 가서 장도 보고 집에 곧장 갈 수 있는 길도 뱅글뱅글 돌아서 이 골목 저 골목 다 들러 가기도 하고 여행자들에게 유명한 역세권 야시장이 아닌 현지 동네 사람들만 아는 야시장도 드나들 수 있었다.

오토바이 라이더가 되고 나서 하루 평균 1시간은 오토바이 위에서 보내게 되었다. 대중교통을 이용하면 1시간 이상 걸릴 거리도 오토바이를 타면 30분 이내의 생활권이 된다. 집을 나서기 전 지도를 보며 어떤 경로로 움직일지 미리 대략적인 계획을 세운다. 자동차는 갈 수 없지만, 오토바이는 갈 수 있는 지름길들이 도처에 있다. 자동차보다 훨씬 수월하고 빠르게 목적지까지 갈 수 있다. 휴일에는 근교로 짧은 오토바이 여행을 떠나보기도 한다. 오토바이가 있으면 내가 원하는 때에 출발했다가 원하는 때에 다시 돌아올 수 있다. 만약 오토바이가 없이 식사하러 간다거나 근교를 가게 된다면 우선 대중교통으로 갈 수 있는 곳인지부터 확인해야 하고, 더운 날씨에 얼마나 걸어야 할지 예상해두어야 한다. 오토바이에 오르는 순간 공기의 저항에 맞서서 땀이 증발하는 시원함을 즐기게 되면 집 앞의 고작 100m도 떨어지지 않은 슈퍼마켓도 오토바이를 타고 가게 된다. 이쯤 되면 오토바이가 없는 삶을 상상하기가

어렵다. 오토바이에 '샤오바이'(小白-흰색 오토바이라서 소백이)라는 이름도 붙여 주고, 1,000km 탈 때마다 엔진오일도 꼬박꼬박 갈아 주고, 나의 해외 생활에서 빼놓을 수 없는 동반자가 되었다.

내가 원하는 장소로 내가 원하는 때에 갈 수 있다는 것은 내 삶을 내 의지대로 움직일 수 있다는 것과 같다. 여행을 가도 최대한 그 도시에서 이용할 수 있는 다양한 교통수단을 모두 이용해보려고 한다. 자전거, 오토바이, 지하철, 버스, 택시, 기차, 배 등을 타고 이동하며 만나게 되는 풍경이 나를 가슴 뛰게 한다. 목적지가 정해진 대중교통이 때론 안전하고 편리하긴 하지만 때로는 자전거나 오토바이를 타고 무작정 끌리는 대로 달려보기도 한다. 오른손으로 핸들을 살짝 당기면 '붕'하면서 앞으로 달려나가는 그 느낌이 마치 멈추어 있던 내 시간이 다시 힘차게 달려나가는 느낌이다.

해외에 나오면 찾을 수 있을 것 같았지만, 5년째 찾지 못한 방향은 아무래도 좋다. 아직은 더 많이 보고, 듣고, 느끼는 것으로 충분하다고 위로받는 기분이다.

당연한 것들에 대한 단상

- 수박 속은 빨갛다. ┆ 수박 속은 노란 것도 많다.
- 바나나 껍질은 노랗다. ┆ 바나나 껍질은 빨간 것도 있다.
- 점심시간은 1시간이다. ┆ 점심시간은 11시에서 2시까지다.
- 쥐는 고양이를 무서워한다. ┆ 덩치가 커다란 쥐가 고양이를 쫓기도 한다.
- 커피에 올라가는 거품은 우유로 만든다. ┆ 달걀흰자로 만든 거품을 올리는 에그 커피도 있다.
- 내 몸에 맞는 옷과 신발을 어디서든 살 수 있다. ┆ 33, 44 사이즈가 평균 사이즈인 나라에서는 몸을 옷에 맞추어야 한다.
- 아프면 병원에 가서 치료를 받고 의료보험처리가 된다. ┆ 우리나라 의료보험제도는 최고이다.
- 친구와 연락하고 싶을 때 카카오톡을 이용한다. ┆ 베트남 친구와는 ZALO, 대만 친구와는 LINE을 이용한다.
- 잠은 밤에 자는 것이다. ┆ 점심에 낮잠을 자는 것은 중요하다.
- 추수는 가을에 한다. ┆ 열대 지방에서는 이모작, 삼모작이 기본이다.

- 겨울은 건조하고 정전기가 잘 생긴다. : 겨울에도 습해서 제습기는 필수이지만 습한 덕분에 정전기는 없다.
- 오토바이에는 2명까지 탈 수 있다. : 다섯 명, 때로는 여섯 명까지도 가능하다.
- 신호등 직진 신호에는 직진과 우회전을 할 수 있다. : 대만에서 파란 불이 켜지면 좌회전, 직진, 우회전을 모두 할 수 있고 보행자는 스스로 조심해야 한다.
- 먹고 싶은 음식을 음식 배달 앱에서 클릭만 하면 집에서 편하게 먹을 수 있다. : 우리나라는 역시 배달의 민족이다. 음식 배달 사업이 이제 시작되는 나라도 많다.
- 은행에 가서 번호표를 뽑고 기다리면 업무를 30분 내로 달성할 수 있다. : 기본 1시간이고 2시간 가까이 걸릴 때가 많다.
- 약속이 있으면 지하철이든 버스든 대중교통을 타고 내가 예상한 시간에 도착할 수 있다. : 지하철이 없는 나라도 많고 대중교통 시스템이 체계적이지 않을 수도 있다.
- 내가 가진 현금을 현금인출기에서 쉽게 입금하거나 출금할 수 있다. : 인출은 되지만 입금은 쉽지 않다.

세상엔 한국에 살고 있어서 당연한 것들이 많다. 이 당연한 모든 것을 당연하지 않게 만드는 것이 바로 해외살이의 묘미가 아닐까? 하루에 하나씩 내가 가지고 있는 상식이 파괴되는 느낌에 헛웃음을 지으면서 '아직도 깨지지 않은 상식이 남은 것을 보니 나는 참 상식적인(?) 인간이었구나' 하는 것이다. 처음엔 도저히 이해되지 않다가 살다 보니 이해가 되는 부분도 있고 2년을 살아도, 3년을 살아도, 죽었다 깨어나도 이해되지 않는 부분들도 있다. 그건 내가 어찌할 수 없는 부분이라고 포기해야 한다. 다만, 내가 너무나도 당연하게 생각했던 것들이 당연하지 않을 수 있다는 깨달음은 앞으로의 삶에 있어 큰 배움이다.

고정관념을 깨야 한다고 쉽게들 말하지만 자기 생각이 고정관념인지조차 깨닫지 못할 때가 많다. 나를 둘러싼 작디작은 세상이 내가 보아온 모든 것이고 나 자신에게는 우주이기 때문이다. 그래서 종종 잊는다. 내가 보고, 듣고, 느끼는 것들이 당연하지 않을 수 있다는 것을.

나의 집은 어디일까?

어릴 때 제발 이사 한번 가보는 것이 소원이었던 나는 20살 이후로는 거의 매년 이사를 해야 했다. 한국-중국-한국-베트남-대만 심지어 나라를 넘나들며 한국처럼 포장 이사가 없는 곳에서 세간살이를 옮기는 것은 20년 치를 하지 못했던 이사의 한을 풀고도 남았다.

특별히 어느 한 곳에 반드시 정착해야겠다고 생각한 적이 없었다. 여행을 다니면서도 '여기 1년 정도만 살아보면 좋겠다.' 한 적은 있어도 '여기서 평생 살았으면 좋겠다.' 한 적은 없었다. 나에게 이사란 세상에 나의 영역을 넓혀나가는 느낌이다. 내가 머문 집이 하나의 점이 되고 수십 개의 점이 모여 나의 세상이 된다. 한 동네에 1년 이상 살다 보면 정도 들고, 동네에 단골집도 생기고, 눈 감고도 걸어 다닐 수 있을 만큼 익숙해진다. 그럴 때 '아! 다시 떠날 때가 되었구나!' 하는 마음이 든다. 이런 게 역마살인가? 구글 지도에 전 세계에 내가 가본 곳을 '별'로 표시하고 있는데 세계지도 방방곡곡에 내 별이 가득하길 바라며 새로운 집을 찾아 떠난다.

이사를 하기로 마음먹고 나면 한국에서는 충분한 시간을 두고 여러 동네를 돌아보며 내가 필요한 정보를 수집하면서 천천히 집을 구할 수 있다. 집주인에게 궁금한 것도 물어보고 필요한 것도 요구할 수 있다. 하지만 해외에 나오면서는 직접 집을 구하는 것은 정말 큰 에너지가 필요하다. 1주일 남짓한 시간 안에 빨리 집을 구하고 가져온 짐을 정리하고 출근을 해야 했기 때문에 집을 구하는 조건의 우선순위를 정해야 했다. 페이스북 같은 SNS에서 영어를 할 수 있는 집주인과 직거래를 하기도 하지만 베트남에서는 혼자 집을 구해보려고 시도하지 않았다. 조금 더 비싸기는 해도 부동산을 통한 거래를 했다.

어디서 집을 구하더라도 가장 중요한 것은 '안전'이다. 해외에서 외국인, 그것도 여자가 혼자 사는 것은 범죄의 표적이 되기 쉽다. 최대한 안전을 생각해서 24시간 경비원이 있는 집, 아이를 키우는 가정집들이 모여 있는 동네에서 집을 구하려고 노력했다. 그런데도 퇴근길에 이상한 사람이 따라온다거나, 집 대문에 알 수 없는 표식이 생긴다거나 하는 일이 있었다. 안전을 위해 셰어하우스를 하거나 주기적으로 집에 손님을 초대하는 등 집이 북적이게 했다.

두 번째 조건은 '위치'이다. 뚜벅이에게 교통이 편리하고 중심지에 사는 것은 무엇보다 중요하다. 수도권이라면 단연 역세권, 베트남에서는 지하철이 없었기 때문에 위치는 직장에서 가까운 곳이었다. 6km밖에 되지 않는 출근길도 출퇴근 시간에 걸려 막히면 40분이 걸리기 때문에 집이 멀면 꼼짝없이 길 위에서 1시간을 허비하게 된다. 교통체증은 다소 불편할 수 있겠지만 집 밖을 나가면 바로 아침을 먹을 수 있는 식당이나 장을 볼 수 있는 시장 혹은 마트가 있는 곳에 자리를 잡았다.

위치와 안전만 괜찮으면 다른 부분은 적당히 타협했다. 집이 깨끗하면, 전망이 멋있으면 더 좋겠지만 집을 볼 시간이 넉넉하지 않기 때문이다. 베트남이나 대만은 전세제도가 없다 보니 계약이 끝나고 전세금을 돌려받을 필요가 없다. 그러다 보니 대부분 집이 현재 사는 세입자가 이사를 나가야만 집을 볼 수 있다.

인터넷에서 미리 집 사진을 보고 옵션을 확인하고 겨우 마음에 드는 집을 찾아 집주인에게 퇴근하고 집을 보러 가겠다고 약속을 잡는다. 보러 가기로 했던 집은 저녁이 되면 이미 계약이 되었다는 연락이 온다. '내 눈에 좋은 건 남의 눈에도 좋다.'라는 진리가 여기서도 통하는구나 싶다. 어떤 날은 보러 가기로 한 세 집이 모두 취소되어 이 동네에 이렇게 집이 많은데 나 하나 계약할 집이 없다는 사실에 서럽기도 했다.

대만에서는 용기를 내어 우리나라의 집 구하는 앱과 비슷한 591이라는 앱을 통해 집을 보고 직접 구해보기로 했다. 혼자 살 집은 급할 것이 없으니 1달 동안 임시로 지낼 숙소를 구하고 천천히 집을 보면서 구하기로 마음을 먹었다. 집주인과 어렵사리 통화하면 세입자가 외국인이라고 꺼리는 경우도 있고, 외국인이라 전기세나 관리비 같은 관례적인 부분을 잘 모른다고 속이는 경우도 있다. 계약서를 쓸 때 한국어가 아닌 영어나 현지어로 계약을 진행하기 때문에 집중해서 계약서를 읽느라 내가 요구하고 싶은 조건을 생각할 겨를도 없이 사인하게 될 수도 있다.

그렇게 몇 번의 이사 경험을 통해 '수리' 부분을 정확히 명시해야 한다는 것을 알게 되었다. '집의 설비 노후로 인한 문제가 있을 때 1주일 이내에 수리가 이루어지지 않으면 세입자가 스스로 고치고 그 비용은 추후 주인에게 청구할 수 있다.'라는 문구를 계약서에 추가하는 것이 좋다. 이런 조건을 달면 집에 문제가 생겼을 때 빠른 조치를 해준다.

집을 볼 때 필수는 아니지만, 새집 냄새에 민감한 편이라 겉으로는 조금 낡아 보여도 최소 4~5년 이상 된 집을 선호한다. 우리나라처럼 벽지로 마감하지 않고 페인트칠로 끝나기 때문에 벽이 특별히 지저분하지 않으면 새로 칠하는 것도 생략한다. 베트남이나 대만 모두 한국보다는 습한 기후이고, 나무로 된 가구도 많고 옵션에 따른 전자제품도 많아서 잔 고장이 자주 발생할 수 있다. 흰개미 퇴치, 현관문 쇠 걸쇠 부러짐 수리, 식탁 의자 6개 다리가 모두 삭아서 내려앉아 수리, 막힌 하수구 뚫기, 에어컨 가스 충전, 3m 높이의 천장 전등 갈기, 좌변기 물 내리는 고무 패킹 수리 등등 한국에서 겪어보지 못했던 집과 관련한 여러 가지 문제들이 발생했다.

주인과 원활한 의사소통이 어려운 외국인 세입자는 한국이면 쉽게 해결했을 일도 어려울 수밖에 없다. 일부러 고장 낸 것이 아니라 쭉 소모되어 오다가 내 차례에 고장이 난 부분은 집주인 쪽에서 책임을 지는 것이 당연한데 금액을 반반 부담하자거나 계약하기 전에 미리 말을 안 했으니 세입자기 부담하라는 황당한 주인을 만나게 되기도 한다. 이래서 베트남어가 늘고 중국어가 는다.

매년 새롭게 집을 구하는 것은 기대되면서도 한편 고단한 일이었다. 그런데도 매년 이사를 강행했다. 계속 한 집에 머무르면 떠나기 싫어질 것 같은 느낌이 들었다. 마치 그 집이 내 집이 될 것 같은 느낌을 받고 싶지 않았다. 또 한 번의 큰 이사를 앞둔 지금, 나의 집은 어디일까? 어떤 도시, 어떤 풍경 속에 살게 될까? 궁금해진다.

가족도 없이 혼자 외롭지 않아요?

'나 혼자 산다'라는 프로그램이 인기일 정도로 주변에 1인 가구가 늘고 있다. 한국에서나 해외에서나 단신 부임이라는 것을 아는 분들에게 많이 들었던 질문은 "가족도 없이 혼자 외롭지 않아요?"였다. 글쎄 이미 독립한 지 오래되어서 특별히 가족이 그립다거나 한 적은 없었다. 우리 가족은 서로 무소식이 희소식이라고 생각하며 살기에 1주일에 1번 정도 생존신고를 하고 특별한 일이 있지 않으면 거의 연락을 하지 않는 편이다. 한국에 있을 때도 고향 집까지 왕복 8시간 넘게 걸리는 길을 자주 가기 어려웠는데 해외에 와서 비행기를 타고 오가게 되니 걸리는 시간은 비슷하다.

혼자 사는 것이 익숙하지만 걱정되는 부분은 나와 가족들의 '건강'이다. 다행히도 나는 맏이라 부모님의 연세가 그렇게 많지 않으시고 또 부모님이 나보다 체력이 좋으실 만큼 건강하시기에 마음 놓고 해외 생활을 할 수 있었다. 아프지 않아야 한다는 생각이 깊게 박혀 있어 스스로 삼시 세끼 균형 잡힌 식단으로 잘 챙겨 먹고 운동도 규칙적으로 하게 된다. 우리 엄마는 꼭 내가 컨디션이 좋지 않을 때 귀신같이 알고 전화를 한다. 몸이 좋지 않을 때는 늘 편도염이나 인후염부터 오기 때문에 전화통화를 하면 대번에 들통이 난다.

가족들이 나를 보러 오기도 하지만 내가 굳이 한국에 매년 꼬박꼬박 들어가는 이유는 사실 부모님이 아니라 할머니이다. 동생들이 많아서 크면서 할머니 손을 많이 탄 편이다. 컴퓨터를 켜서 맞고를 치실 정도로 정정하신 우리 할머니도 큰손녀가 5년간 외노자 생활을 하는 동안 많이 늙으셨다. 어릴 때 나를 데리고서 고모네, 삼촌네 버스 타고 같이 여행도 많이 다니시고 했는데 이제는 연세가 많으셔서 비행기를 못 타시니 그게 아쉽다.

베트남이며 대만이며 좋은 곳 구경도 많이 시켜드릴 수 있는데 병원에서 비행기를 타지 말라고 하니 방법이 없다. 텔레비전에서 국제 뉴스를 꼬박꼬박 챙겨보시고 나도 모르는 우리 집에서 몇백 km 떨어진 곳에서 일어난 다양한 사건 사고를 어떻게 다 아시고 걱정하신다. 건강한 모습을 정기적으로 보여드려야 그나마 걱정이 줄어드실 테니 방학이면 일단 한국에 한 번은 다녀와야 한다.

가족 중 누군가 해외에 있으면 그 사람을 핑계로 해외여행도 자주 나오고 할 기회가 많은데 우리 가족들은 직장, 취업, 군대 등 다양한 이유로 공사다망하여 스케줄을 맞추기가 어려워서 자주 오지는 못하고 내 임기가 끝날 무렵에서야 가족 여행을 올 수 있었다. 가족들이 오기로 결정되고 현지인의 노하우를 모두 털어 넣은 여행 루트와 맛집으로 일정을 짰다. 평소에 좋다고 들었는데 혼자 가기엔 아까워 아껴두었던 곳도 가족들 덕분에 가보고 유명한 곳이면서 인상 깊어 가족들 오면 꼭 다시 가야지 했던 곳들을 고르고 또 골랐다. 우리 아빠는 여행 프로그램이나 뉴스에서 우리 가족이 함께 갔던 곳이 나오면 제일 좋아하신다.

내 일상에 가족들이 찾아와 주는 것, 내가 좋아하는 장소를 함께 좋아해 주는 것이 행복하다. 해외에서 근무하는 많은 분이 가족과 함께 생활하고 있기에 "자기처럼 자유로울 때 해외에 나와서 즐겁게 생활하는 것이 제일 부럽다!" 하는 분들이 많았다. 정작 나는 가족이 모두 함께 나와 해외살이를 하는 것이 부러웠다. 혼자일 때 할 수 있는 일에 집중했고, 심심할 틈 없이 부지런히 놀았을 뿐, 좋은 곳에 갈 때, 맛있는 것 먹을 때, 몸이 아플 때는 저절로 가족 생각이 났다. 또다시 재외한국학교에서 근무하거나, 해외에서 살게 될 기회가 있다면 그때는 가족과 함께 지내고 싶다. 외로움보다도 즐거움과 재미를 함께 나눌 가족이 늘 곁에 있다면 해외 생활은 더욱 다채로운 추억으로 가득할 것이다.

해외 응급실 체험기

지금껏 해외에서 딱 3번 응급실을 갈 일이 있었다. 내가 다쳐서 갔던 것은 그중 1번이고, 1번은 사촌 동생이 아파서, 1번은 친구가 다쳐서였다. 동생과 수다 떨다가 한국에서도 한 번도 못 가본 응급실을 해외에서 3번이나 갔다는 것이 새삼 신기해서 기록으로 남겨 두기로 했다.

첫 번째 응급실 체험은 태국이었다. 대학생 때 동생들 5명을 데리고 수학여행 느낌으로 태국과 캄보디아를 9박 10일로 다녀왔다. 다행히 다들 체력도 좋았고 자유여행이라 우리가 계획한 대로 재미있게 보냈는데 여행 하룻밤을 남기고 일이 터졌다. 낮에 사원 가는 길에 사촌 동생 하나가 너무 목이 마르다며 참지 못하고 길에 있는 음수대에서 물을 마셨다. 그러고는 배탈이 나서 밤새 끙끙 앓다가 아침에 탈진해 버렸다. 혼자서 걷지도 못할 지경이라 가까운 응급실로 가서 치료를 받고 링거를 맞았다.

다행히 밤 비행기라 안정이 될 때까지 응급실에서 쉴 수 있었다. 링거 1대에 무려 40만 원이 나와서 남아있던 현금을 병원비로 다 쓰고 공항에서 동전까지 싹싹 긁어모아 아이들 저녁을 사 먹이고 한국으로 돌아왔다. 그리고 엄청났던 병원비는 여행자보험을 들어 두어서 보험으로 잘 마무리되었다. 처음으로 여행자보험의 위력을 실감할 수 있었던 여행이었다.

두 번째 응급실 체험은 베트남이었다. 내가 다친 사건이었지만 목격자의 진술에 의존해야 한다. 학년 초전 직원 환영회 날 숯불 바비큐 집에서 그날따라 숯불에 불이 늦게 붙었다. 그 바람에 안주도 없이 술을 마시기 시작했다. 처음 환영회를 진행하는 거라 긴장도 되었고 고기가 늦게 구워지면서 제대로 음식을 먹지 못하고 술만 마셨는데 환영회가 거의 끝날 무렵 화장실에 갔던 나는 엄청난 '쿵' 소리만 남기고 기억을 잃었다. 손을 씻으려다 미끄러지면서 턱

을 세면대에 찧었는데 턱이 찢어진 것이다. 피가 멈추지 않고 계속 흘러서 주변의 가장 큰 병원으로 택시를 타고 갔다. 하필 그날따라 잘 신지도 않는 힐을 신었는데, 힐을 신고는 도저히 걸을 수가 없어서 맨발 차림으로 응급실에 가서 누웠다. 함께 간 부장님께서 얼굴이니 "코스메틱!!!!!"을 외쳐주셨다고 했다.

공교롭게 해외체류자 보험이 그 전날 만료되었고 학년 초라 너무 바빠 갱신을 하지 못했던 나는 엄청난 병원비와 함께 턱에 영광의 다섯 바늘 꿰맨 상처를 얻었다. 주말이 지나고 갑자기 얼굴에 붕대를 붙이고 나타난 선생님을 본 아이들에게 "조심하지 않고 까불면 선생님처럼 되는 거예요."라며 우스갯소리를 했는데 정말 그해에는 우리 학급에서 단 한 명도 다친 학생이 없어 꽤 효과

가 좋은 본보기가 되었다.

세 번째 응급실 체험은 대만이었다. 연말에 친구들과 여행을 갔다. 여행 둘째 날 날씨가 점점 흐리기 시작하더니 빗방울이 한두 방울씩 떨어지기 시작했다. 오토바이를 타고 있었던 우리는 초행길에 비까지 와서 길이 미끄러울 수 있으니 천천히 달리고 있었다. 한참 달리다 뒤에서 비명 소리가 들렸다. 신호등도 카메라도 없는 삼거리 교차로에서 내 뒤를 따르던 친구 오토바이와 갑자기 과속으로 등장한 승합차가 부딪히는 사고가 났다.

친구는 119에 실려 응급실로 가야 했다. 찰과상이 심하고 몇 군데는 꿰매야 할 정도로 상처가 깊었다. 하지만 병원에서는 우선 뼈부터 이상이 없는지 확인을 해야 한다며 처치를 미루고 있었다. 엑스레이를 찍고 결과가 나와야지만 찢어진 상처를 꿰맬 수 있다고 했는데 그 시간이 너무 길었다. 2시간이 넘게 기다리고서야 뼈에 이상이 없음을 확인하고 봉합하는 시술을 받았다. 그 와중에 사고를 낸 운전자는 자꾸 자기 탓이 아니라며 진술을 번복하고 치료를 마치고 다시 당일 저녁 비행기를 타야 하는 우리는 마음이 초조했다. 응급실에 사람이 많지는 않아서 그나마 빨리 처치를 할 수 있었지만, 최악의 응급실 체험이었다.

앞으로 더 이상 해외 응급실 체험기는 업데이트되지 않기를 바랄 뿐이다.

제3장

더 나은 삶을 위한 슬기로운 재외학교 생활

꿈의 직장을 찾아서

애니메이터에게는 '디즈니'가, IT 종사자에게는 '구글'이 꿈의 직장이듯 나에게 꿈의 직장은 '재외한국학교'였다. 대학 재학 시절 '글로벌 멘토링'이라는 교육 봉사 활동에 참여할 기회가 있었다. 재외한국학교와 한글학교에 가서 한국어와 한국 전통문화를 지도하고 재외동포 학생들을 만나 교류하는 프로그램이다.

운이 좋게 2007년에서 2009년까지 3년간 중국의 상해 한국학교, 장춘 한글학교, 말레이시아의 코타키나발루의 한글학교에 각각 9박 10일씩 봉사할 기회가 있었다. 10~12명의 학우와 봉사팀을 꾸려 석 달가량 봉사 지역에 맞는 활동을 준비했다. 준비과정은 힘들었지만, 천진난만한 웃음으로 봉사단을 반겨주고 우리가 준비한 것을 열심히 배우려는 초롱초롱한 눈망울들을 마주하니 설렜다. 교육대학에 진학해서 교사라는 직업을 준비하고는 있었지만 자유분방한 성격을 가진 내가 보수적인 집단으로 통하는 교직 사회에서 잘 해낼 거라는 확신이 없었다. 그러던 차에 한국보다는 조금 더 유연한 분위기와 탄력적인 교육과정을 운영하는 재외한국학교를 만나게 되었고 가고 싶은 꿈의 직장이 되었다.

　가고 싶다는 마음만으로 갈 수 있다면 꿈의 직장이 아니지 않겠는가. 재외한국학교에 지원하기 위해서는 최소한의 경력이 필요하다. 학교마다 차이가 있는데 보통 3년에서 5년이다. 경력이 딱 3년이 되던 해에 경험 삼아 지원서를 적어 보았다. 아직 1정 연수도 받기 전인 데다 연구대회 수상 경력도 없고, 교재 집필 경력도 없이 텅텅 비어 있는 지원서를 본 교감 선생님께서 "이렇게 다 비워서 제출해도 되는 거예요?" 하실 정도였으니 꿈의 직장에 지원하는 것이 아니라 꿈을 꾸는 것처럼 보였을 것이다.

　10년 차, 20년 차 선생님과 경쟁하여 선발되려는 마음이 아니라 나와 같은 경력 짧은 선생님 중에서 재외한국학교에 필요한 선생님이 되자는 마음이었기에 채우지 못한 것을 걱정하기보다는 교육대학 재학 시절 때부터 꾸준히 경험해 온 것들을 빠짐없이 적어 냈다. 중국어 공부와 동아리 활동, 한국무용 분과 활동, 귀국 자녀 멘토링, 글로벌 멘토링 등 국내외 교육 봉사, 월별 학급경영, 앱을 활용한 생활지도 등 정리를 하니 매년 이렇게 지원서를 써보는 것도 자신의 발전을 위한 객관적인 지표가 될 수 있겠다는 생각이 들었다.

　20곳이 넘는 재외한국학교 지원 공고를 꼼꼼히 읽어보고 서류 심사에 운이 좋게 통과했다. 한 번에 합격할 거라는 기대는 하지 않았고 1차 서류 심사를 통과한 것으로 이미 목표는 달성했기에 2차 면접을 보러 가는 마음이 편안했다. 비가 와서 갑자기 쌀쌀해진 날씨였지만 패딩 대신 단정한 코트와 구두를 신고 면접장으로 가는 발걸음이 가벼웠다. 3명의 면접관 앞에서 7명씩 조를 짜서 단체 면접을 보았다. 질문에 내가 할 대답에 대한 걱정보다 경력이나 실력이 쟁쟁한 다른 지원자의 답변을 듣는 것만으로도 마음이 벅찼다. "선생님은 경력도 적고 단신 부임인데 해외에 여행하고 놀러 나오려는 것 아니에요?"라는 질문에 솔직하게 지원동기를 이야기했다. "경력은 보시는 대로 다른 선생님들에 비해 미미합니다. 하지만 교육에 대한 열정은 누구보다도 가득합니다. 여행 부분이 걱정되시는 거라면 저는 여행을 많이 다닐 것입니다. 교사로서 책임을 다하고, 주말이나 방학을 이용하여 베트남이라는 나라를 직접 체험해보고 학생들에게도 저의 경험과 감상을 나눌 것입니다. 또한, 우수한 한국 문화를 현지에 알리는 것에 앞장설 것입니다." 하며 각오를 이야기했다.

마지막 보여줄 것이 없냐는 질문에는 코트 뒤에 꽂아 두었던 부채를 펼쳐 부채춤을 추기도 할 정도로 내가 하고 싶었던 말과 보여줄 수 있는 것을 다 털어낸 면접이었다. 면접장을 나와서도 심장이 터질 듯이 두근거리고 새빨갛게 달아오른 얼굴이 쉽게 가라앉지는 않았지만 아쉬움은 남지 않았다. 최종 발표까지 혹시나 합격할지도 모른다는 실낱같은 기대와 떨어져도 후회는 없다는 뿌듯함을 만끽하며 1주일을 기다렸다.

'본교 교직원 채용에 최종 합격 되었습니다.'라는 메일을 받고 제일 먼저 근무하고 있는 학교의 교장 선생님, 교감 선생님께 소식을 전해 드렸다. 두 분 모두 나의 서툰 지원 과정을 긍정적으로 보아주시고 적극적으로 추천해주셨기에 좋은 결과를 알려 드릴 수 있어 기뻤다. 마치 내 일처럼 축하해 주시는 동료 선생님들께도 감사했다. 첫 발령을 받아 앞으로의 교직에 필요한 많은 것을 차근차근 배울 수 있도록 배려받은 곳이었고 예상하지 못했던 합격이었기에 꿈

의 직장으로 떠나는 것임에도 마지막 출근까지 서운한 마음이 가득했다.

친구 중에 직장에 빨리 들어간 친구들이 하나둘 이직을 준비한다는 이야기를 듣고, 익숙해진 곳을 벗어나 새로운 곳에 도전하는 용기가 대단하다고 생각했는데 내가 처한 상황이 이직과 비슷했다. 아이들을 가르치는 일을 한다는 사실 하나를 제외하고는 사는 곳, 기후, 언어, 나를 둘러싼 모든 환경이 변하는 것이니 더 정신을 바짝 차려야 했다.

한국의 학교는 소속된 시·도 교육청의 도시에서 수백 개 학교 중 하나이지만, 재외한국학교는 한 나라의 한 도시에 한 곳밖에 없는 유일한 한국 교육과정을 운영하는 학교이다. 한국에서는 주변의 훌륭한 학교의 사례를 보고 듣거나 부족한 부분이 있으면 스스로 연수를 들을 수도 있지만, 해외에서는 그마저도 쉽지 않다. 한국의 학교에서 주로 했던 일이 맡은 학급을 운영하고, 전임자의 인수인계와 공문을 통해 업무를 전달받고 그대로 사업을 이어나가는 것이었다면 재외한국학교에서는 학급당 적게는 20%, 많게는 50%의 다문화가정 학생들이 있는 환경에서 학생들과 생활하는 것부터 시작한다. 학기 초에 없었던 업무가 갑자기 생겨나기도 하고 누구도 한 적이 없던 프로젝트를 맡아 계획부터 진행까지 도맡아 하게 되기도 하는 것이다. 힘들고 어려울 때도 있지만 그만큼 성취감과 보람도 느낄 수 있다.

가르치는 것을 좋아하고 미리 준비된 수업을 하는 것은 어렵지 않았다. 하지만 재외학교의 특성상 학생 수가 학교의 예상대로 되지 않고 국내외 정세 혹은 부모님의 직업 사정 등에 의해 갑자기 늘어나거나 줄어드는 경우가 생긴다. 5년간 재외한국학교에 있으면서 많게는 37명을 가르쳐 보기도 했고 가장 적게는 4명의 학생을 가르쳐 보기도 했다. 학생 수가 갑자기 너무 많이 늘어나는 바람에 2학기를 시작하면서 계획에 없던 분반을 하기도 했다. 개인적으로는 학급 당 15~20명의 학생 수가 적당하다고 생각하는데 아직은 한 번도 만나지 못한 꿈의 숫자이다.

한국에서 업무 경험치가 워낙 낮다 보니 업무에 대한 기준이 없었다. 특히 다문화 관련 업무는 한국에서 최근에 관심을 두고 늘어나고 있는 분야이다 보니 재외한국학교에 맞는 참고할 사례를 찾는 것이 어려웠다. 다행히 학교 구성원들의 대부분이 열정과 실력이 넘치고 서로 도와서 일을 하는 분위기라 도움을 청하면 누구든 선뜻 돕고 아이디어가 필요하면 물어가며 일을 할 수 있었다. 업무 하나에 관련된 이해 당사자도 대사관, 한인회, 다문화가족협회, 현지 기업체 등 한 곳이 아닌 경우가 많고 중고등학교와도 협력이 필요해 동료 선생님이나 행정실의 적극적인 협조가 없이 혼자서 할 수 있는 일은 없었다. 아낌없이 주는 나무 같은 분들의 모습에 감동하기도 하고 다재다능한 분들을 보며 자극을 받기도 했다.

좁은 교실에서 많은 학생과 생활하느라 이명과 편두통이 심해지고, 업무 할 시간이 부족해 야근하거나 집까지 일을 가져오면서도 재외한국학교에 온 나의 선택을 후회했던 적은 없었다. '가지 않은 길'의 갈래에서 누구나 가는 길을 선택한 것이 아니라 늘 가고 싶었던 길로 달려온 것이기 때문이다. 내가 가지고 있는 능력에 비해 빨리 주어진 기회에 늘 감사했고 꿈의 직장에서 일하는 순간이 행복했다. 5년의 재외한국학교 생활이 30대의 꿈의 직장에 도전할 밑거름이 되었고, 현실에 안주하기보다는 계속 꿈꾸게 한다. 이제 다음 꿈의 직장을 향해 다시 달릴 때이다.

소통의 즐거움

보통 소통이라고 하면 언어를 통한 의사소통을 떠올리게 된다. 어느 나라로 여행을 떠나게 되거나 이주를 하게 되었을 때 기본적인 의사소통을 위해서는 그 나라의 언어를 배우는 것이 중요하다.

중국으로 교환학생을 떠나게 되었을 때 가장 걱정했던 것도 바로 중국어였다. 중학교 때 학교 방과 후 과정으로 석 달 동안 총 20시간 중국어 기초를 배웠고, 대학교 교양 시간에 1학기 동안 매주 1시간씩 중국어를 배웠던 것이 전부인데 중국에서 생활할 수 있을까? 그때는 교환학생이니까 '못 하니까 배우러 가는 것이다!'라며 당당했다. 게다가 백지상태인 것이 오히려 더 좋았던 것 같다. 가르쳐 주는 족족 스펀지처럼 쏙쏙 흡수하는 나를 선생님들께서 어여삐 여겨주셨다. 만국 공통어인 보디랭귀지도 폭발적으로 늘었다. 중국에서 생활한 지 100일 정도 되었을 때는 혼자서 다른 지역으로 여행을 갈 수 있는 수준이 되었다.

중국 교환학생으로 언어를 '학습'이 아닌 '습득'한 경험이 있었기에 베트남으로 떠나게 되었을 때 언어 부분은 큰 걱정이 없었다. 호기롭게 '가면 다 돼!'라고 생각했지만, 막상 갔더니 되는 게 없었다. 베트남어는 성조가 6개라 이미

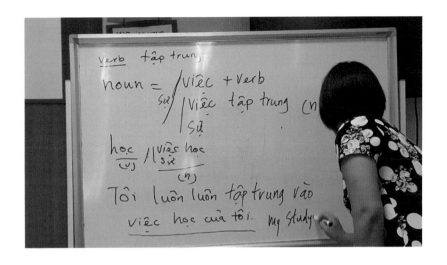

굳어버린 나의 뇌와 혀는 의지대로 움직이지 않았다. 초반에는 퇴근하고 열심히 베트남어 수업도 듣고 베트남 친구와 언어교환 스터디도 만들었으나 들인 노력이나 의지만큼 늘지 않아 좌절했다. 교환학생 때와는 달리 일을 우선해야 해서 공부에만 집중하기도 쉽지 않았다.

현지인들과 특히 시장에서 아주머니들과 수다 떠는 것을 좋아하는 나는 통역 앱을 활용한 재롱잔치 수준의 언어를 익혔다. 1시간 정도는 재미있을 수 있지만 2번, 3번 만날 정도의 흥미가 일어나지 않는 대화는 상대의 상당한 인내심을 요구했다. 택시에서 "직진, 좌회전, 우회전"하면서 기사님 조종하기, 시장에서 아주머니들에게 재롱부리고 가격 흥정하기 수준의 언어 실력으로 현지인 친구를 사귀는 것은 어려움이 많았다. 나의 베트남어는 3년이나 베트남에 살았다고 말하기 부끄럽게 만들었고 언어에 대한 자신감이 급락하는 계기가 되었다. '그냥 영어나 열심히 해야겠다.'라는 생각이 들게 했다.

대만으로 이사 가게 되면서는 '이제 최소한 문맹은 아니구나.' 하는 마음에 든든했다. 오랜 시간 쉬면서 꺼져 가는 중국어 회로에 심폐소생술을 할 때가 왔기에 신이 났다. 저녁 먹으러 간 식당에서 사장님, 바닷가에서 사진을 찍다가 만난 현지인들과 나누는 일상대화, 이런 게 그리웠는데 대만에서는 내가 원하는 사람들과 딱 내가 원하는 만큼의 소통이 가능하다는 것이 행복했다. 하루 중에 재미있었던 이야기, 흥미진진한 이야기, 때로는 속상했던 이야기 등등을 주변에 있는 사람들에게 나누는 소통의 즐거움이 삶에 충만한 느낌이었다.

익숙했던 모국어를 사용하는 환경에서 벗어나 다른 언어를 사용하는 환경에 살면서 소통의 즐거움에 필요한 것을 생각해보면 언어가 기본적인 첫 번째 조건이고 내가 이야기하는 동안 나와 눈을 맞추어 주고, 고개를 끄덕여 주고, 함께 미소 짓는 비언어적인 반응들이 두 번째 조건이다. 때로는 외국인이기에 부족할 수 있는 언어적 표현들을 손짓 발짓으로 보완해가며 현지인들과 소통해 나가는 즐거움은 큰 노력 없이 모국어로 수다를 떨 수 있는 편안함과는 조금 다른 기쁨이다. 서툰 나의 말에 귀 기울여 주고 서로의 언어나 문화적 차이를 이해하려고 애쓰는 마음이 전해지기에 대화하는 즐거움이 배가 되는 것이다. 오늘은 어떤 친구를 만나서 어떤 주제에 관해 이야기를 나누어 볼까? 기대하며 새로운 장소를 찾아 떠나본다.

왜 베트남어를 못 해?

베트남에 3년'이나' 거주했지만, 나의 베트남어는 참혹하리만큼 기본에 머물러 있다. 처음에는 생활에 꼭 필요한 말인 '택시 대화'와 '시장 대화'를 익혔고 그 이외의 말은 굳이 하지 않아도 불편한 점이 없었다. 살다 보면 늘겠거니 하는 느긋한 마음도 한 몫했다. 나는 자연스럽게 생활 속에서 말을 습득하는 한두 살 꼬마가 아니었고 한창 공부하는 스무 살 때의 그 교환학생도 아니었다. 베트남에서 산 지 6개월이 지났을 무렵의 내 베트남어 실력은 베트남에 온 지 6주째의 실력과 크게 다르지 않았다.

초반에 베트남어 공부를 열심히 하지 않은 핑계를 대 보자면 베트남에 3년이나 살 계획이 없었다. 하지만 나는 베트남에 왔고, 3년을 살게 되었다. 나의 생활을 도와주는 모든 사람이 베트남 분들이었는데 눈을 마주칠 때마다 웃어주고 하나라도 더 챙겨주려는 그분들에 대한 예의로라도 베트남어를 배워야겠다는 생각이 들었다. 읽고 쓰는 것은 차치하고 듣고 말하는 것을 목표로 언어교환 스터디를 만들었다.

따로 바깥에서 모이기는 쉽지 않으니 직장 내에서 같이 근무하는 한국분들과 베트남분 중 언어교환을 원하는 분들을 모았다. 참고한 스터디 방식은 한국에서 자주 듣던 이근철 선생님의 '굿모닝 팝스' 라디오 프로그램이었다. 자주 사용하는 언어 패턴을 하나 정한 다음, 틀에 맞춰서 여러 가지 문장을 만들어 보고 말해보는 방식이었다. 80가지 문장 패턴이 나오는 교재를 구하고 같이 연습을 했다. 절박함이 없었기 때문이었는지 스터디가 재미있기는 했지만, 기대만큼의 성과는 없었다.

베트남어의 문법은 영어나 일본어에 비하면 굉장히 단순한 편이다. 중국어와 문법이 비슷하고 단어도 한자 문화권이라 어떤 한자에서 유래된 단어인지 알고 나면 기억하기도 쉽다. 하지만 숨은 복병은 '6개의 성조'였다. 중국어를 할 줄 아니깐 베트남어도 금방 익힐 수 있을 줄 알았다. 하지만 중국어와 비슷한 듯 다른 베트남어 성조를 하나하나 들을 때는 알 것 같다가도 막상 말하려니 어려웠다. 그리고 내가 하는 말을 베트남 사람들이 알아듣지 못하니 자신감이 떨어졌다. '내가 자기 나라말로 이렇게 힘들게 이야기하는데 알아듣는 척이라도 좀 해 주지.' 하는 원망의 마음도 들었다. 택시에서 괜히 베트남어 연습해 보겠다고 몇 마디 자칫 잘못 입을 뗐다가는 집에 갈 때까지 기사님에게 발음 교정을 받아야 했다. 스트레스 받으려고 언어를 배우는 것이 아닌데 배울수록 스트레스가 쌓이는 기분에 그냥 베트남어는 나와 맞지 않음을 인정하고 놓아 버렸다.

베트남어에 두 손 두 발을 들고 대만으로 이사를 했는데 공교롭게도 한국에서 대학생 때 알고 지냈던 베트남 친구를 대만에서 만나게 되었다. 친구네 집에 놀러 갔다가 어머니를 뵈었는데 영어도, 중국어도 하실 수 없어서 굉장히 심심하던 차에 베트남에 살았던 내가 놀러 와서 무척 반가워하셨다. "저는 ○○이고 베트남에 3년 살았어요." 정도는 베트남어로 수백 번 말했으니 자신 있게 말했다. 내 베트남어에 대한 어머니의 기대에 찬 눈빛에 죄송한 목소리로 "그런데 베트남어는 다 잊어버렸어요." 했지만 이미 앞의 유창함에 신난 어머니는 뒷말은 듣지 않으시고 쌓였던 말을 쏟아내셨다. 전혀 알아듣지 못한 내 표정을 보고 "3년이나 베트남에 살았다면서 왜 베트남어를 못 해?" 하시는 어머니의 실망한 모습에 베트남어 스터디를 시작할 때 그 미안함과 같은 마음이 솟아났다. 나는 왜 베트남어를 더 열심히 공부하지 않아서 이들에게 실망감을 주는 것인가.

때때로 한국을 찾는 외국인들이 한국어를 한마디도 못 하고 너무도 당당하고 당연하다는 듯이 영어로 의사소통을 시도할 때 괜히 얄밉게 느껴질 때가 있다. 같이 근무했던 원어민 선생님들도 한국에 와서 한국학교에서 근무하면서 "나 우리나라에 가면 한국어 쓸 일 없는데?" 하며 한국어를 배우려는 시도조차 하지 않는 모습이 실망스럽기도 했다. 그랬던 나이기에 3년이나 베트남에 살았으면서 베트남어를 유창하게 말하지 못하는 자신이 더 부끄럽고 미안했다. 최고의 언어 학습환경을 놓친 것에 대한 아쉬움도 크다. 조금만 더 노력했더라면…. 후회는 언제 해도 늦다.

선생님 말이 너무 어렵니?

5년간 재외한국학교에서 근무하면서 내가 맡은 학급의 20~50%가 다문화가정에서 자란 학생들이었다. 부모님 중 1분이 외국인 혹은 2분이 모두 외국인인 다문화가정에서 자란 학생들의 모국어가 한국어라면 듣고 말하기가 가능할 텐데 모국어가 현지어인 경우가 대부분이었다. 간단한 의사소통도 손짓 발짓이 동반되어야 했다. 다문화가정 학생들이 많을 거라는 것은 익히 들어 알고 있었지만, 수업내용을 이해하지 못하는 학생들을 보며 답답한 마음에 "선생님 말이 너무 어렵니?"라는 말을 뱉는 순간, 나 스스로 충격을 받았다. 내 교수학습방법부터 고쳐야겠다는 생각이 들었다.

누구나 알아듣기 쉽게 말하는 것은 생각보다 어렵다. 특히 상대방이 모국어 화자가 아니고 연령이 어릴 때는 더더욱 그렇다. 1학년부터 한국학교에 다닌 것이 아니라 중간에 전학을 오는 학생들도 있고 학급 학생들이 30명 훌쩍 넘는 환경에서 언어까지 잡아주기는 쉽지 않았다. 학교에서도 다문화 학생들을 위한 한국어 기초 수업을 마련했지만, 모국어가 한국어인 친구들을 따라잡기에는 부단한 노력이 필요하다. 개중 언어 능력이 특출한 학생들은 현지어, 한국어뿐만 아니라 영어까지 3개 국어가 유창한 경우도 있고 언어 발달이 다

소 늦은 학생들은 모국어인 현지어도 제대로 익히지 못한 상태에서 다른 언어를 배우니 모국어 발달마저 더뎌지는 문제가 생기기도 했다. 모국어가 현지어인 학생은 듣고 말하기가 유창하니 읽고 쓰는 것을 소홀히 하게 되는 경우가 많다.

외국어 실력은 모국어 실력을 뛰어넘지 못한다는 것을 고려하여 모국어 공부에 힘써야 한다. 다문화가정 학생들에게 한국어를 가르치면서 가장 어려웠던 점은 한국학교에서 한국어를 배우고 나서 학교 밖에서는 한국어를 쓸 일이 거의 없는 환경에 살고 있다는 것이었다. 배운 것을 그날그날 실생활에 바로 적용할 수 있다면 좋겠지만 학교만 벗어나면 바로 현지어를 사용하고 있었다.

다행히도 나는 주로 저학년 담임을 맡았고 학생들이 느끼는 교과 부담이 고학년에 비해 적었다. 수업을 재구성하는 것도 담임이 재량을 발휘할 수 있는 여지가 컸다. 1학년에서 갓 한글을 깨치고 온 학생들에게 무엇을 가장 중요하게 가르쳐야 할까 고민이 컸는데 가장 강조했던 것은 한국어에 노출되는 환경이었다. 학교에서도 친구들, 선생님과 최대한 한국어로 소통할 수 있도록 '교실 한국어'부터 익힌 후에 수업상황에서 최대한 한국어를 사용하도록 했다.

'수학 시간입니다.', '교과서 10쪽을 보세요.', '~는 한국어로 어떻게 말해요?'

같은 자주 사용하는 문장을 수십 번, 수백 번씩 듣고 사용할 수 있게 했다. 그리고 다문화가정 부모님들께서 집에서 책을 읽어 주거나 한국어로 된 자료들을 구하기가 어려운 것을 고려하여 학급 앱에 매일 공부한 내용과 관련된 동요, 동화 자료를 공유하고 집에서도 틀어줄 수 있도록 부탁드렸다. 가정의 협조가 없이는 학교에서 아무리 교사가 열심히 언어를 지도한다고 해도 한계가 있다.

　다문화가정에서 아이들을 지도할 때 가장 어려워하는 부분이 '쓰기' 지도이다. 매주 간단한 문장 '받아쓰기'를 숙제로 내어주는데 학교에서 다 함께 큰 소리로 선생님이 읽는 것을 따라 읽으면서 녹음을 하고 그 녹음 파일을 학급 앱에 공유한다. 집에서는 그 녹음된 파일과 쓰기 학습지를 쓰며 스스로 연습할 수 있다. '주제 글쓰기'를 통해 주어진 틀에 맞추어 자기 생각을 쓸 기회를 주기로 했다. '~을 좋아해요.', '~이 재미있어요.' 같은 간단한 문장의 틀을 주고 그 틀을 채워보는 것부터 차근차근 시작했고, 1학기 만에 누구와 언제, 어디에서, 무엇을 했는지, 기분은 어땠는지 제법 일기다운 내용을 쓰기 시작했다. 자기 생각을 표현할 수 있게 되니 학생들의 자신감도 올라가고 국어 시간이 좋다는 학생들도 늘어났다.

　통합교과서는 봄, 여름, 가을, 겨울 4권의 책에 각각 2개의 주제가 들어있는데 아이들과 함께 생각 그물을 그려보고 주제에 맞는 학습 게시판을 꾸민다. 그리고 그 단원에서 학생들이 새롭게 배우게 될 단어를 한눈에 띄게 그림과 함께 게시한다. 공부하면서 나오는 학습 산출물도 함께 전시한다. 그 공간은 우리의 작은 학습전시관이 된다. 우리 반 학생들이 가장 좋아했던 단원은 2학년 겨울 책 1단원 '두근두근 세계여행'이다. 세계에 다양한 나라들의 의, 식, 주, 놀이 문화를 알아보는 단원이다. 커다란 세계지도에 어떤 나라가 있는지 국기도 붙여보고 인사말, 전통 의상, 랜드마크도 알아보고, 다른 나라의 음식도 만들어보고, 여러 나라의 놀이도 즐길 수 있어 학생들이 '계속 이 단원만 배우고 싶어요.' 할 만큼 다양한 체험을 하며 알찬 1달을 보냈다.

학생들은 '두근두근 세계여행'을 제일 좋아했지만 내가 가장 야심 차게 준비했던 단원은 사실 가을 책 1단원 '동네 한 바퀴'였다. 학교 밖에서 한국어를 사용할 일이 거의 없으니 가상의 장소에서 연습한 대화를 말해 볼 수 있도록 준비했다. 매주 중간 놀이 시간에 빵집, 카페, 미용실, 병원, 약국, 사진관 등을 열어 전교생들이 와서 가게 주인과 손님의 역할을 충분히 체험할 수 있도록 계획했다. 계획된 대화이긴 해도 상황에 맞는 말을 계속 반복해서 말하다 보니 자신감도 생기고 놀이인 듯 실제인 듯 재미있는 활동이었다.

통합교과를 가르치다 보니 독서와 연계를 하면 좋겠다 싶었다. 다문화가정 학생의 경우 집에 한국어로 된 책이 많지 않고 학생들의 수준에도 맞지 않을 때가 더러 있다. 예를 들어 학생의 발달 수준은 초등학교 저학년인데 언어 수준이 5~6세 정도라 유치원 동화책을 주는 경우이다. 당연히 시시하다. 우리도 성인이 되어 다른 나라의 영어를 공부할 때 미국 초등학생 수준이라고 계속 애니메이션이나 어린이들이 보는 자료로 공부를 하면 지루한 것과 같다. 그래서 단원이 바뀔 때마다 도서관에서 주제에 맞는 도서를 30권씩 빌려와서 교실 뒤에 전시하고 쉬는 시간에 편하게 접할 수 있도록 했다. 수업시간에 배운 내용이 보이니 그림을 보기도 하고 아는 단어가 나오면 기뻐하면서 '선생님, 여기 우리 배운 거 있어요!' 하면서 신기해하기도 한다. 하노이 한국국제학교의 장점 중 하나는 초중고 학생이 함께 생활한다는 것이다. 책 읽기 봉사 활동을 원하는 중고등학교 멘토와 부모님께서 한국어로 된 책을 읽어 주기 어려운 다문화가정 초등 저학년 멘티를 연계하여 점심시간에 책을 읽어 주는 BOOK 소리 멘토 멘티 활동을 통해 발달에 맞는 책을 들을 기회를 높였다.

아이들에게 선생님 말은 아직도 어렵다. 아이들에게 이야기하는 것을 좋아

<2017 BOOK소리 멘토멘티>

봉사활동 포트폴리오

비스커한국공제학교 멘토(청소년)봉사단 3 반 이름 | 정 주 빈
멘토-과천청소년 1 반 이름 | 정 현 진

활동 소감

아이들과 함께 하는 것을 좋아하기 때문에 BOOK소리 멘토멘티
봉사활동을 하고로 했는데, 봉사활동을 했다기 보다 아이들과 재밌게
책을 읽고 온 것 같다. 매주 아야하기 때문에 귀찮을 수도 있었다고
생각했지만 아이들이 책을 재밌게 읽었으면 하는 기대감을 가지고
즐겁게 했던 것 같다. 처음에는 아이들에게 무언가를 가르쳐줘야 한다는
부담감이 있었다. 책을 통해 오늘을 찾아내고 오전 아이들에게 알려주는 때마
급급했지만 굳이 오역까 하지 않아도, 아이들 스스로 책에서 재미를 찾고
무언가를 알아간다는 것을 알게 되었다. 그래서 이번 기회를 통해 아이들에
대해서도 더 잘 이해하게 되었다. 아이들과 소통하면서 아이들의
순수하고 밝은 생각들이 감탄하였고, 옛날에 읽었던 책들을 다시 읽으며
추억에 젖이 들기도 했다. 따라서 이번 봉사활동은 다른 어떤 활동보다도
뜻깊었다.

하고 하나라도 더 알려주고 싶은 마음에 나 혼자 신나서 한참 설명하다 보면
여전히 어리둥절한 표정인 학생들이 있다. 그래도 그 전과 달라진 점은 선생님
말이 어려워서 지레 포기하고 듣는 것을 포기하는 것이 아니라 어렵지만 궁금
하고 어떤 말인지 알아들으려고 노력한다는 것이다. 오늘도 자기 생각을 한 마
디라도 더 한국어로 이야기하려는 것에 귀 기울이고 꼬물꼬물 자기 생각을 적
은 생각장에 작은 격려를 덧붙이며 하루를 보낸다.

저는 대륙 사람이 아닙니다

내 중국어의 뿌리는 중국이다. 당연한 말인 것 같지만 대만에서는 당연하지 않은 말이다. 식당에 가서 주문하거나 택시를 타면서 대화를 하면 자주 듣는 말이 "대륙 어디서 왔니?"이다. 중국어를 유창하게 하니까 칭찬을 들은 거라고 긍정적으로 생각을 하려고 해도 사실은 알고 있다. 저 '대륙'이라는 말 속에 담긴 진짜 의미를. 서울에서 북한 사투리로 이야기하는 사람에게 "너 북한에서 왔니?"라고 묻는 것과 비슷하다. 1년 동안 중국에 살았었고 그 이후에 사귄 친구들도 모두 중국 친구들이었기에 단 한 번도 내 말투에 대한 노골적인 지적을 들은 적이 없었기에 처음 저런 말을 들었을 때는 웃으며 받아들였다.

아이들의 반응은 어른들보다 더 솔직하다. 내 말투를 들은 대만 어린이 하나가 깜짝 놀라서 손가락질까지 하며 "대륙인!"이라고 했을 때는 사실 당황스러웠다. 저렇게까지 놀랄 일인가 싶기도 하고 내 억양이 그렇게 티가 나나 싶기도 했다. 대만 친구를 따라 시골에 놀러 갔는데 동네 할머니와 이야기를 하다가 "대만에 온 지는 얼마나 되었니." 하시기에 "1년 넘었어요."라고 했더니 "그런데 아직도 그런 대륙 말을 써? 이 동네 말을 써야지" 하셨다. 중국은 워낙에 넓은 나라이다 보니 지역마다 사투리도 다르고 우리나라 제주도 사투리 이상으로 표준어와 달라 의사소통이 어려운 곳도 있는데 말투로 이렇게 대놓고 고치라고 이야기를 하는 것이 언짢기도 했다.

뭐가 그렇게 다르길래 이러나 비교를 해보았다. 자세히 들어보면 대만 중국어의 어감이 대륙 중국어의 어감보다 조금 더 부드럽고 온화한 느낌이 드는 것이 사실이다. 귀엽고 애교 부리는 것처럼 들리는 말투인데 내 성격상 그런 말투는 힘들 것 같다. 경상도 친구와 친해지겠다고 바로 경상도 사투리를 흉내낼 수 없는 것처럼 이미 굳어진 발음은 쉽게 고치기도 힘들다. 그리고 zh, ch, sh, r와 같이 혀를 말아 소리 내는 '권설음'이 대만에서는 부정확한 편이다. 그리고 ㄴ 받침과 ㅇ 받침(an/ang, en/eng)도 불분명하다. 그래서 뉴스를 들을 때도 대륙 아나운서의 말이 더 명확하게 귀에 쏙쏙 박힌다.

어학당에서 받아쓰기할 때, 선생님의 발음을 듣고 구분할 수 없을 때도 있었다. 한자도 대륙이 간체자를 쓰는 반면, 대만은 번체자를 쓰고 있다. 한국에서 한자를 배운 적 있는 사람이라면 대만의 글자가 더 익숙하게 느껴질 수 있다.

대만과 중국 대륙 사이의 역사적인 배경에서 대륙식 중국어가 거슬릴 수 있다는 것은 충분히 이해하지만, 가끔 이런 무례한 반응들을 맞닥뜨릴 때면 대만이라는 나라에 정이 떨어질 때가 있다. 어느 정도 친분을 쌓고 대만 사람들이 대륙식 중국어를 들었을 때 어떤 느낌인지 설명해주면 더 좋을 텐데 아쉽기도 하다. 외국인이 처음부터 대만에 와서 중국어를 배울 확률보다 중국에서 배울 확률이 훨씬 높은데 그들을 모두 배척하는 태도는 대만의 미래를 위해서도 좋지 않다.

언제쯤 내가 '저는 대륙 사람이 아닙니다.'를 그만 말할 수 있을까? 중국의 대만 고립 정책으로 수교국이 71개에서 15개까지 줄어든 대만의 국제적인 위치는 안타깝다. 중국과 대만 모두에 애증을 가지고 있는 입장에서 두 나라가 아름다운 이별을 하기를 바라는 것은 외국인의 지나친 낙관적 바람이리라. 대만 사람들이 대륙 중국어를 포용하기를 바라는 것도 외국인의 지나친 욕심이리라. 오늘 저녁은 식당에 가서 조금은 애교 있게 서툰 대만 중국어를 흉내 내 보아야겠다.

2년 차 징크스

봄, 여름, 가을, 겨울, 4계절이 있는 나라에서 평생을 살다가 갑자기 열대지방에 살게 되니 당연히 몸도 적응이 필요하다. 해외에 나오게 되면 대부분이 첫해에는 바짝 긴장한 상태로 지내기 때문에 잘 아프지 않다가 2년 차부터는 다치거나 아프기 시작한다. 해외에서 병원을 가게 되면 한국의 의료보험이나 실비보험 등이 보장되지 않기 때문에 현지의 건강보험이나 해외 장기체류 보험을 별도로 들어야 한다. 나이나 성별에 따라 가격 차이가 있겠지만 1년이면 200~300달러 정도가 든다. 한국에서 연말 정산을 할 때 의료비가 5만 원도 되지 않아 입력할 것이 없을 정도로 건강 체질에 병원도 잘 가지 않는 나는 베트남에서도 보험료가 아깝게 느껴질 정도로 튼튼하게 첫해를 보냈다. 비염이 있어서 알레르기약을 가끔 먹기는 해도 독감이라든지 몸살도 걸리지 않았다.

건강의 비결은 일단 머리만 안정적으로 대면, 깊은 수면 상태가 되고 삼시세끼를 규칙적으로 잘 먹는 것이다. 조금 피곤하다 싶은 날에는 저녁을 든든히 먹고 일찍 푹 자고 나면 다음 날 회복이 되는 정직한 몸 덕분에 큰 무리 없이 한 해를 보냈다. 그리고 약간의 자만심이 들었다. '역시 나는 해외에서도 이렇게 튼튼하구나, 앞으로도 이 정도면 문제없겠다.' 하며 2년 차를 맞이했다.

나의 해외 살이 2년 차는 공교롭게도 '아홉수'이기도 했다. 미신을 믿지는 않지만 조심해 나쁠 것은 없다고 생각했는데 3월 초 전체 직원 환영회 날 첫 번째 일이 터지고 말았다. 환영회가 끝나갈 무렵 화장실을 갔는데 눈을 뜨니 내 방 침대에 누워 있었다. 거울을 보니 턱에는 붕대가 감겨 있고 얼굴은 통통 부어 있었다. 드문드문 희미하게 택시에 있는 나, 응급실에 있는 나, 맨발로 엘리베이터를 타는 내가 떠올랐다. 어찌 된 일인가 하니 화장실에서 세면대에서 손을 씻으려던 나는 미끄러지면서 턱을 찢었고 피부가 찢어져서 피가 멈추지 않아 밤 11시에 응급실로 가서 5바늘을 꿰맸다. 해외 응급실 체험기를 추가하게 되면서 앞으로 더 조심해야겠다는 생각이 들었다.

　　2주 정도 꿰맨 부위가 나을 때까지 항생제도 잘 챙겨 먹고 당연히 금주도 했다. 습한 나라라서 염증이 잘 생길 수 있다고 해서 꼼꼼히 소독하고 세수할 때나 머리 감을 때 물을 특히 조심했다. 턱을 움직이는 것이 불편하긴 했지만 이제 다 나아가는구나 싶을 때 두 번째 일이 터졌다. 금요일 아침, 갑자기 출근하기 전에 김치찌개가 너무 먹고 싶었다. 그날따라 이상하게 눈이 일찍 떠졌고 한국에서 가져온 김치를 꺼내 썰어 두고 참치 김치찌개를 먹어야겠다며 참치캔을 하나 따는 순간 손이 삐끗하며 오른손 약지가 그대로 참치캔에 꽂혔다. 아프다는 생각도 들지 않고 손에서 주르르 흐르는 핏방울을 보니 망했다는 생각이 들었다. 아직 씻지도 못했는데 왜 아침부터 김치찌개를 끓인다고 해서 손가락을 베었나, 이제껏 땄던 참치캔이 몇백 개인데 손이 왜 이럴까 자책하며 지혈을 하는데 상처가 꽤 깊어서 지혈되지 않았다. 손을 동여매고 병원으로 출근을 해야 했다.

　　"나 베트남 전쟁 때부터 수술했어, 걱정하지 마." 자신감 넘치는 말씀을 하시는 베트남 의사 선생님은 60대는 훌쩍 넘어 보이셨고 수전증이 있으신지 손을 달달 떨면서 소독을 하고 5바늘을 꿰매 주셨다. 아직 턱도 덜 나았는데 손가락까지 이렇게 다치고 나니 이제 진짜 떨어지는 나뭇잎도 조심해야겠다고 다짐했다. 자신감은 빈말이 아니었다. 다행스럽게도 지문 한 줄 한 줄 딱 맞게 잘 치료되었다.

집 앞에 큰 공원이 있는 곳으로 이사를 할 때만 해도 매일 산책도 하고 시장 가서 장도 보고 요리도 자주 해야겠다고 했는데 다치고 나니 모든 것이 시큰둥해졌다. 꿰맨 곳이 혹시라도 덧날까 걱정되어 땀이 안 나게 했고, 씻는 것도 조심스러웠다. 이제 고난이 끝일 줄 알았는데 다쳤던 자리가 거의 아물어 갈 때쯤에 세 번째 일이 터졌다. 건강한 몸을 만들어보겠다고 기구 필라테스를 시작했고 2개월 정도 지나 이제 '리포머'라는 기구와도 많이 친해졌을 무렵이었다. 퇴근하고 피곤한 몸을 이끌고 운동을 시작한 지 10분 정도 지났을 때였다. 지금도 내가 잘못 들은 것인지 선생님께서 좌우를 반대로 말씀하신 것인지 알 수가 없다. 내 균형은 오른쪽으로 가 있었고 오른 다리를 움직이면 안 되었는데 오른 다리를 드는 순간 몸이 왼쪽으로 넘어가면서 기구에서 떨어졌고 뒤통수가 스프링을 거는 쇠고리에 찍혔다. 떨어지면서 왼쪽 팔에 체중이 실리면서 딱딱한 바닥에 부딪혔는데 팔에 힘을 줄 수가 없고 통증이 심했다. 팔이 부러진 것은 아닌가 걱정되었는데 선생님께서 심각한 얼굴로 어서 병원에 가야겠다고 하셨다. 팔도 팔이지만 뒤통수가 찢어져서 피가 흐르고 있었다.

12월에는 마지막 대미를 장식한 오토바이 사고가 있었다. 저녁 먹고 호숫가를 산책하고 싶어서 오토바이를 타고 나갔다. 평소에 조금 멀어서 가지 못했던 곳을 오토바이 탄 김에 조금 멀리 나갔고 신나게 밤마실을 마치고 돌아오는 길이었다. 10시가 넘어 길에 차도 오토바이도 많지 않았고 그리 빠르게 달리지도 않았다. 사거리에서 쌩-하니 빠르게 달려오는 오토바이가 있었는데 나도 그 오토바이를 보았고 그 오토바이도 나를 보았다. 속도를 천천히 줄였음에도 그 오토바이는 방향을 바꾸지 않고 내 오토바이의 앞부분을 치고 지나갔다. 옆으로 넘어지면서 손잡이에 갈비뼈를 세게 부딪혔고 근막을 다쳐 한동안 고생했다. 뒤에 타고 있던 친구는 엉덩방아를 찧어 꼬리뼈와 허리를 다쳤다.

계단에서 굴러떨어질 뻔하거나 정전으로 엘리베이터에 갇혔다거나 다칠 뻔했던 사고도 있었지만 죽을 고비를 잘 넘겼다. 태어나서 이렇게 어디를 많이 다치고 아팠던 것도 처음이라 당황스러웠다. 하도 겁 없이 사니까 조심 좀 하라는 경고치고는 짧은 시간에 다발적인 사건 사고가 일어났다. 한국에 당장이라도 들어가야 하는 것이 아닌가 생각이 들 정도로 혹독한 한 해였다. 이게 그 말로만 듣던 '2년 차 징크스'인가 싶었다. 스포츠에서도 '소포모어 징크스(Sophomore jinx)'라고 해서 2년 차 선수가 전해보다 경기력이 급격히 떨어지는 것을 의미하는 단어가 있다. 이것을 극복하면 앞으로의 해외살이도 잘 헤쳐나갈 수 있다는 생각이 들었다. 한국에 들어갈 때는 어쩔 수 없는 상황이 아니라 내 의지로 돌아가고 싶었다. 이러다가 병이라도 걸렸다가는 정말로 강제 귀국해야 하는 상황이 올 수도 있으니 예방 차원에서 건강을 더 신경 쓰기 시작했다.

평소에는 냉장고 채소칸에 방치해두었던 한국에서 엄마가 보내준 비타민을 꼬박꼬박 챙겨 먹고, 규칙적인 생활을 하려고 노력했다. 물도 의식해서 8잔을 마시고, 균형 잡힌 식단을 유지하면서 저녁에 피곤해도 헬스장도 1주일에 3~4번씩 나갔다. 애쓴 만큼 몸은 조금씩 건강해졌고 '2년 차 징크스'도 이겨냈고 건강하게 해외 살이 5년 차를 맞이했다. 다행히도 그 이후로 병원은 근처에도 갈 일이 없었다. 만약 '2년 차 징크스'가 없었다면 오히려 나태한 생활을 계속 이어가지 않았을까 싶다.

돌이켜 생각하면 인생에서 다시 오지 않을 귀한 시간과 건강을 잃기 전에 소중히 하라는 의미였던 것 같다. 이제는 실금처럼 남아있는 흉터들을 볼 때마다 무기력증에 빠지려는 자신을 다잡으며 하루하루 더 열심히 생활해야지, 건강하게 생활해야지 하게 된다.

거긴 여기랑 뭐가 달라?

재외한국학교로 오고 나서 가장 많이 받았던 질문은 바로 "거긴 여기랑 뭐가 달라?"였다. 교사 관점에서 학교 하나만 놓고 보면 내가 하는 일이 학생들을 가르치는 일이라는 점은 한국과 똑같다. 교실의 모습도 앞에 칠판이 있고 뒤에는 게시판이 있고 중간에는 학생들 책걸상이 있는 학교 하면 쉽게 떠올릴 수 있는 풍경이다. 한국에 없는 현지어 수업, 그리고 한국보다 조금 더 많은 시수의 영어수업을 제외하고는 교육부 지침에 따라 교육과정을 운영하고 있다. 아무래도 재외에 있으니 한국어나 한국 문화와 관련된 수업에 조금 더 신경 쓰게 되지만 교육내용이 크게 다르지는 않다. 학교에서 먹는 급식마저도 밥, 국, 김치가 빠지지 않는 한국 음식이다. 다만 학교 밖에서 학생들이 보고 듣고 느끼는 것을 생각하면 재외한국학교에서 선생님의 역할이 한국에서보다 커질 수밖에 없다.

학생들은 보통 아침 8시 30분부터 오후 3시 30분까지 하루의 3분의 1가량을 한국학교에서 시간을 보낸다. 그리고 학교 밖은 외국이다. 학교를 마치고 집에 가면 한국 사람들이 모여 사는 아파트 단지 밖을 벗어날 일이 거의 없다. 운동, 악기 수업 등 과외를 받고, 공부방이나 학원에 다니는 학생들도 많다. 종

종 학기 초에 상담하면 '집에 와서 할 거 없으니 문제집 복사 좀 해주세요.' 하는 부모님들도 있다. 한국이었으면 자연스럽게 알게 되거나 느꼈을 것도 학교에서 가르치지 않으면 놓치게 되는 것이 많다. 집에 한국어로 된 책이 많지 않고 구하기도 어려워서 1주일에 1번씩은 꼭 학교도서실에 가서 독서교육을 하고 책 빌리는 습관을 길렀다. 삼일절, 현충일, 광복절, 추석, 설날 등 계기 교육이 한국보다 중요하다.

지금 우리가 다른 나라에서도 이렇게 한국학교에서 공부할 수 있는 이유, 고마운 분들에 관한 이야기를 나눈다. 안전교육도 한국과는 다른 위험요소들이 있으므로 신경 써야 한다. 하노이는 오토바이가 많아서 스쿨버스를 타고 내릴 때가 늘 걱정이었다. 그리고 교통체증이 심해 1시간가량 통학버스를 타는 학생들도 있어서 퇴근해도 학생들이 집에 도착할 시간까지는 늘 신경이 곤두서있었다. 가오슝은 지진과 태풍 같은 자연재해가 잦은 곳이라 뉴스 예보를 주의 깊게 듣고 발 빠르게 대처해야 했다.

노심초사하는 마음으로 35명이 넘는 과밀학급에서 하루가 어떻게 가는지 모르게 정신이 없었다. 에어컨 바람을 좋아하지 않는데 날씨가 너무 더우니 출근해서 퇴근할 때까지 에어컨을 켜야 해서 편두통도 심해지고 교실이 한국과는 다르게 천장이 더 높고 타일과 시멘트 마감재라 교실에 목소리가 또렷하게 전달되지 않아 목이 많이 상했고 소리도 전체적으로 웅웅 울려 이명이 심해졌다. 내가 어떻게 바꾸거나 해결할 수 없는 부분이니 적응하는 방법 외에는 없었다. 열악한 환경에서 함께 고생하는 선생님들이 계시고 한국학교에서 배움을 이어가려는 학생들, 진심이 통하던 부모님들이 계셔서 견뎌낼 수 있었다.

평소에 학교에서는 이렇게 생활하다가도 주말에는 여행자의 마음으로 살았다. 조금 불편해도 일부러 한국 사람들이 모여 사는 곳보다는 현지 분들이나 외국인들이 거주하는 지역에 자리를 잡았다. 내가 몸소 체험하는 만큼 학생들에게도 더 생생한 교육을 할 수 있다는 생각도 있었다. 한국 마트보다 시장에 자주 가려고 했고, 현지 음식을 먹고, 가보지 않은 길을 걸어보며 최대한 다름을 체험하기 위해 애썼다. 무엇이 다른가 생각해보면 모든 것이 다르고, 무엇이 비슷한가 생각해보면 모든 것이 비슷했다. 100% 같거나 다른 것은 없었다. 그리고 이 글을 쓰는 지금도 계속 변화하고 있다. 다른 점에 집중하기보다는 주어진 상황에 내가 어떻게 빠르게 적응하고 내가 바꿀 수 있는 부분은 어떻게 바꿀 수 있는지에 변화에 집중하는 것이 현명한 재외한국학교 생활인 것 같다.

한식은 원래 건강식이다

한국국제학교의 자매학교에서 크리스마스에 다문화 축제 지원 요청이 들어왔다. 한국 문화에 워낙 관심이 많고 좋아해 주니 수업을 하는 입장에서도 덩달아 신이 난다. 흔쾌히 요청을 수락하고 어떤 지원을 원하는지 들어보니 한국을 대표하는 음식 한 가지를 준비해주면 좋겠다고 했다. 어떤 음식이 만들기 간편하면서도 딱 보았을 때 한국적인 느낌이 들까 곰곰이 고민을 해보았는데 '떡볶이'가 떠올랐다. 초등학생들이나 대만 분들이 매운 음식을 잘 못 먹기도 하고, 현지에서 더 구하기 쉬운 양념인 간장을 활용한 '궁중떡볶이'를 만들어보기로 했다.

이렇게 많은 분량을 만드는 것은 처음이라 인터넷으로 백 선생님 레시피를 찾아보고 미리 양념을 만들어 두었다. 다행히 대만 마트에 한국 쌀떡을 팔아서 가장 중요한 떡은 쉽게 구할 수 있었다. 고추장처럼 특별한 한국 양념이 필요한 것이 아니라 대만에서도 흔하게 쓰이는 간장, 설탕, 참기름 같은 재료로 양념을 만들 수 있어서 오히려 더 좋았다. 떡 이외에는 고기나 채소도 현지에서 충분히 신선한 것으로 구입할 수 있었다.

행사 당일, 아침에 채소를 손질하고 미리 재워둔 고기와 양념, 필요한 준비

물을 챙기다 보니 약속했던 8시 30분보다 10분 정도 도착이 늦어졌다. 우리 자리를 제외하고는 모두 행사 준비가 끝나 있었고 현장에서 바로 음식을 만드는 곳도 우리뿐이었다. 부랴부랴 가스버너를 준비하고 재료를 꺼내니 모든 부스의 부모님들이 모여들어 질문이 쏟아졌다.

"이게 진짜 한국에서도 자주 먹는 음식이에요?"
"이 소스에는 어떤 재료가 들어가요?"
"만드는 데 시간이 얼마나 걸려요?"

늦어서 마음이 급한데 자꾸 질문을 받으니 웃어도 웃는 게 아니다. 그래도 이렇게 관심을 쏟아 주시는 것이 감사했다. 궁중떡볶이 향기가 행사장에 가득해서 교문에서 들어오는 곳부터 이 맛있는 향기가 대체 무엇인지 궁금했다고 했다. 향기만큼이나 맛도 좋아서 시작한 지 1시간도 채 되지 않아 완판되었다.

"맛있어서 자꾸 먹고 싶은 맛이에요."
"떡이 어떻게 이렇게 말랑말랑하고 쫀득하죠?"

이게 옛날 임금님도 드셨던 음식이라는 이야기에도 굉장히 흥미로워하셨다. 행사를 준비하며 며칠간 신경도 쓰이고 우리가 준비한 것을 좋아할지 걱정도 되었는데, 한국의 새로운 음식을 대만 친구들에게 알릴 수 있어 보람 있었다.

사실 시내에도 한국 식당이 많이 있지만, 진짜 한국 맛을 느낄 수 있는 곳이 많지 않다. 우리나라의 짜장면이나 피자 같은 음식이 한국화된 것처럼 많은 한국 음식이 현지화된다. 그리고 현지 사람들이 좋아할 만한 메뉴를 파는 식당이

나 누구나 쉽게 흉내 낼 수 있는 메뉴를 파는 식당만 잔뜩 생겼다가 금방 사라지곤 한다. 해외에도 한국 삼겹살집이나 치킨집이 많지만 구운 돼지고기나 튀긴 닭고기가 특별하게 느껴지지는 않는다. 매일 먹기에도 무리가 있다. 대만은 '두부'를 좋아하고 다양한 형태와 방법으로 먹는데 그래서인지 요즘 부쩍 한국의 순두부찌개 집이 많이 보인다. 한국 맛이 그리워지는 날에 호기심으로 한번 먹어보았는데 대만 사람들이 먹기엔 매울 것 같고 한국 사람들이 먹기엔 조금 심심했다.

가오슝의 겨울은 한국의 초여름 날씨만큼 덥지만, 연말에 김장을 한다. 이번에는 자매학교를 초청해서 함께 김장을 해보기로 했다. 김치에 들어가는 재료도 알아보고 직접 배추김치와 깍두기를 만들고 돼지고기 수육을 준비해서 보쌈까지 먹어보는 체험을 준비했다. 현지에서 한국 식당을 운영하는 사장님께서 매년 봉사하는 마음으로 아이들이 쉽게 김치 만들기를 할 수 있도록 재료와 양념을 마련해 주시고 있다. 덕분에 활동을 추진하는 나도 교육자료에만 신경 쓰면 되니 한결 수월하다. 김치의 새빨간 양념을 본 대만 학생들은 시작부터 울상이었다.

"너무 새빨개요. 전 매운 거 절대로 못 먹어요!"
같이 온 선생님들도 난색을 보이셨다.
"이거 진짜 한국 김치죠? 우리 아이들은 먹기 어려울 것 같은데..."

일단 잘 절인 배추에 양념을 조금만 묻혀서 먹어보기로 했다. 반응이 괜찮다.
"보기보다는 안 매운데? 하나 더 먹을 수 있을 것 같아요."
김치의 빨간 맛을 알게 된 아이들이 너도나도 시식하고 싶어 했다. 수육과 김치는 대만 친구들 입에도 잘 맞았고 나중에 집에 가서 배탈 나지는 않았는지 걱정될 정도로 끊임없이 김치를 먹기 시작했다.
"지금까지 먹은 김치는 다 달았는데 이게 진짜 한국 김치 맛이군요!" 하며 대만 선생님들의 평도 좋았다.

한국 음식의 장점은 부담 없는 채식 요리가 많은 것으로 생각한다. 다양한 나물 종류나 김치, 국수, 김밥 같은 메뉴도 현지에서 재료를 구하기 쉽고 매일 접하기에도 부담이 없다. '삼겹살에 소주', '치킨에 맥주', '불고기'보다 '한식은 건강식이다'라는 인식이 많아졌으면 좋겠다. 일본 요리, 태국 요리, 베트남 요리보다도 대중성에서 밀리는 것은 한식에 대한 충분한 알림이 부족하기 때문이다. 한식이 건강하고 매일 먹어도 부담 없는 음식이라는 것을 알리는 방향으로 발전해 가기를 기대해 본다.

언제 국제학교로 가야 할까요?

학교에서는 보통 새 학기가 시작하고 2~3주 후에 상담주간을 운영한다. 나는 부모님과 학생들 교육에 대해 직접 만나거나 전화로 이야기할 수 있는 이 시간을 좋아한다. 학급 교육과정 설명회를 통해 내가 1년간 학생들을 어떻게 지도할 것인지 안내하고 나의 교육 방향도 제시하지만, 가정에서 아이들을 교육하는 방식을 이해하는 것도 중요하다. 교사와 학부모가 공동 목표를 가지고 학생을 교육할 때 가장 좋은 시너지가 생긴다고 믿는다.

상담하기 전에는 학생별로 미리 관찰하고 상담을 위한 자료도 꼼꼼히 작성해두고 매년 다양한 부모님들과 100회 정도 상담을 하다 보니 받게 되는 질문의 내용도 비슷하고 유형이 있다. 주로 교우관계와 생활습관, 학습에 관한 내용이 많다. 부모님이나 교사 모두 학생이 잘 성장할 수 있도록 도와주어야 한다는 공동 목표가 있으므로 학기 초의 상담은 계획된 틀에서 크게 벗어나지 않는다. 하지만 재외한국학교에서 부모님과 상담을 하다 보면 예상치 못한 질문도 종종 받게 된다.

가장 대표적인 질문이 '언제 국제학교로 가야 할까요?'이다. 사실 처음에 이 질문을 받았을 때 너무 황당했다. 이런 질문은 부모님과 실제로 국제학교에 다니게 될 학생이 함께 의논하고 국제학교에 가서 상담을 받아야 하는 내용이지, 현재 다니고 있는 한국학교에 와서 담임선생님에게 '이 학교를 언제 그만둘까요?'를 묻는 것으로 들려 불쾌하기도 했다. 자매품 질문으로는 '수학 학원이나 영어 학원을 보내야 할까요?'가 있다. 한편으로는 '이런 내용으로 편하게 상담을 할 곳이 없으니 이렇게 학교 상담에서 질문하시는 거겠지.' 하는 생각도 들었다.

보통 회사에서 학비 지원이 있는 경우에 이런 고민을 하시는 것 같다. 교육부 지원금으로 운영되는 한국학교의 학비는 외국계 국제학교 학비의 10분의 1 정도로 저렴하다. 그리고 한국에서 국제학교를 들어가기는 어려운데 해외에서는 비교적 쉽고 '해외에 나왔으니 영어는 확실하게 해서 한국 돌아가야지!' 하는 마음에 국제학교 진학을 고민하게 된다고 한다.

내 개인적인 의견은 이렇다. 재외한국학교 1, 2학년 때는 학습에 가장 기본이 되는 한글을 익히고 한국어로 의사소통을 하는 것에 집중해야 한다. 교과학습은 그 이후의 일이다. 아이들이 한국어에 자신감을 가지고 배움에 즐거움을 느끼면 다른 교과학습은 자연스럽게 따라올 것이다. 부모님과 의사소통이 되니 언뜻 모국어 구사에 어려움이 없는 것 같이 보이지만 중학년, 고학년으로 올라갈수록 언어 실력에 따라 학습능력도 큰 차이를 보인다. 스스로 학습하고 싶은 것을 다양한 매체를 통해 찾고 자신의 지식으로 만드는 것은 언어 실력에서 오는 것이기 때문이다.

제2 언어 습득 이론 및 미국 이민자 학생을 위한 영어 교수법의 창안자인 크라센 교수의 이론처럼 '외국어 실력은 모국어 실력을 넘지 못한다.'라고 생각한다. 모국어 실력이 바탕이 되어야 외국어도 잘 습득할 수 있다. 어릴 때부터 영어유치원에 다니고 초등학교 저학년부터 일찍 국제학교에 가면 영어에 대한 적응은 빠를 수 있겠지만 장기적인 학습 면에서 발전은 의문이 든다. 영어가 모국어가 아닌 학생이 저학년 때 국제학교에 가게 된다면 가정에서 그만큼 모국어 교육에 더 힘써야 한다.

현지에서 국제학교에 다니는 한국 학생들을 위해 운영하는 한글학교에는 한글을 읽을 수 있지만, 독해능력은 없는 학생들이 의외로 많다. 대부분이 유치원 때부터 해외에 살면서 국제학교에 다닌 경우인데 부모님이 한국인이니 듣고 말하는 것은 문제가 없다. 글자도 잘 읽는다. 말 그대로 읽기만 한다. 쉬는 시간에 친구들과 쓰는 영어를 들어보면 꽤 유창하다. 하지만 사용하는 어휘의 수준은 또래 한국 학생들보다 낮은 경우가 대부분이었다.

부모님이 이런 상황을 감수하고서 자녀를 국제학교에 보내고 싶다면 실제로 학교에 다닐 학생의 의견도 충분히 반영해 결정해야 한다. 다니게 될 국제학교의 교육과정이 정말 마음에 들고 학생이 원해서 가는 것이 아니라 단순히 부모님 생각에 '영어' 하나만을 위해 국제학교로 가는 거라면 추천하고 싶지 않다. 국제학교 선생님들을 폄훼하는 것은 아니지만 원어민 선생님들의 경우 교육경험이 많지 않고 교육전공이 아닌 경우도 상당히 많으므로 그 부분도 충분히 고려해야 한다. 한국처럼 교육대학교가 국립으로 운영되고 우수한 자원이 교사인 나라는 많지 않다.

자녀가 해외에서 다양한 경험을 하고 글로벌한 인재로 자라나기를 원하는 부모님의 마음에 공감하는 바이다. 나 역시 내가 가르친 학생이 그러한 미래인재로 자라나기를 꿈꾸기 때문이다. 부디 부모님들께서 결정적 시기에 현명한 선택을 하시길 바란다.

버려야 할 3종 세트: 오지랖, 텃세, 비교

매년 10월이 되면 전 세계 재외한국학교에서 모집 공고를 낸다. 재외한국학교 특성상 2~3년의 계약을 마치고 3분의 1 이상의 동료들이 떠나고 새로운 동료들이 오는 환경에서 경계해야 할 것들이 있다.

첫 번째는 '오지랖'이다.

비슷한 경험을 미리 했다는 이유만으로, 도와주고 싶다는 좋은 의도에서 상대방이 도움을 요청하기도 전에 필요할 것 같은 부분을 섣불리 예단하여 끼어들기 쉽다. '제가 예전에 해봐서 아는데…'로 시작하는 말은 상대가 나의 경험을 묻기 전까지는 조심해야 할 문장이다. 나는 돕고 싶은 마음에서 한 말이지만 상대는 오지랖으로 받아들일 수도 있고 도움을 주려한 쪽도 괜한 에너지를 낭비할 수 있으니 주의해야 한다.

12월에 새롭게 부임할 선생님들이 발표가 나면 밴드나 단톡 등을 통해 전체적인 현지의 정보를 나누고 집을 구하는 것, 한국에서 꼭 가져올 물건 등의 중요한 팁도 전하게 된다. 보통은 가족과 함께 부임하는 선생님들과 단신 부임하는 선생님들을 구분하여 비슷한 처지의 선생님들이 자원을 통해 전담하여 초기 정착에 도움을 준다. 비슷해 보이는 상황이어도 내가 경험했을 때와는 다를 수 있으므로 세심한 판단이 중요하다. 도움을 준 쪽은 도움을 주고도 고맙게 생각하지 않는 상대로 인해 서운함이 생길 수 있고 도움을 받는 쪽은 받는 쪽대로 스스로 도전해볼 기회를 놓쳐 아쉬움이 남을 수 있다.

조금 어색해도 도움을 받는 쪽에서 조금 더 적극적으로 필요한 부분을 정리해서 먼저 부임한 선생님들에게 도움을 청한다면 좋겠다는 생각이 든다. 누구나 처음이 있었고 도움을 받은 경험이 있기에 필요로 하는 분들에게는 기꺼이 힘이 되려는 마음을 갖고 있기 때문이다.

두 번째는 '텃세'이다.

해외에 나와서 살게 되면 아무래도 오래 있었던 사람들이 가진, 전문용어로는 '짬밥'이라고도 부르는 정보가 자연스레 권력이 된다. 그 정보를 아낌없이 나누는 이가 있는가 하면 그 권력을 이용하여 새로 온 사람에게 괜한 텃세를 부리기도 한다. '개구리 올챙이 적 생각 못 한다'고 본인은 처음부터 실수가 없었던 사람처럼 처음 온 사람들의 실수에 너그럽지 못한 모습을 보이기도 한다. '이번에 온 사람들은 왜 저렇게 행동하는지 모르겠어.'와 같은 말로 묶어서 편을 가르거나 '당연히 이렇게 해야 하는 거 아니야? 왜 이런 기본적인 것도 몰라?'와 같은 말로 새로운 사람들이 적응하기도 전에 암묵적인 규칙을 따르게 하는 경우가 있다. 충분한 적응 기간과 이해를 돕는 설명이 뒤따른다면 더 화목한 분위기에서 즐겁게 생활을 할 수 있을 것이다.

세 번째는 '비교'이다.

비합리적인 상황과 맞닥트리게 되면 자신도 모르게 '내가 근무하던 지역에서는 이렇게 안 했어'라든지 '한국에서는 이렇게 안 했어.'와 같은 말로 비교를 하게 된다. 재외학교라는 특수성 때문에 한국에서는 손쉽게 처리되던 것도 절차가 복잡해지고 일이 어려워질 때가 있다. 무조건 이분법적인 사고로 좋은 점, 안 좋은 점을 가르지 말고 같은 말이라도 "제가 있었던 곳은 이렇게 했었는데 어떤 점이 편하고 좋았습니다. 이런 방법은 어떨까요?"라고 제안하면 서로 발전에 도움이 되리라 생각한다.

5년 만에 귀국준비를 하면서 물건도 하나하나 정리하고 한국으로 가져갈 것과 버려야 할 것을 분류하면서 버릴 것이 비단 물건만은 아니라는 생각이 든다. 오지랖, 텃세, 비교하는 마음도 다 버리고 돌아가 겸손한 마음으로 다시 출발하고 싶다.

제4장

웃으며 안녕을 고하는 방법

아쉬움이 적당히 남았을 때

재외한국학교에서 근무하는 동안 하루는 길고 1년은 짧다는 것을 여실히 느낄 수 있었다. 아침에 8시부터 스쿨버스를 타고 출근해서, 퇴근하고 다시 스쿨버스를 타고 집에 오면 6시 정도가 되는데 그 10시간 속에 일과가 쉴 새 없이 빼곡했다. 계절의 변화도 뚜렷하지 않으니 시간의 흐름도 분명치 않았다. 특히 선생님의 시간은 학기 단위로 흘러간다. 1학기 끝나고 여름방학, 2학기 끝나고 겨울방학 그러면 1년이 지나가 있다.

대부분 재외한국학교는 기본적으로 2년 계약 후 1년 단위로 재계약을 하게 된다. 10월에 새로운 교사를 모집하는 공고문이 나가기 때문에 9월 중에는 기존 교사의 재계약 여부가 결정 나야 한다. 그래서 2년이 지난 후에 재계약을 결정하는 것이 아니라 1년 반이 된 시점에 재계약을 신청해야 한다. 처음 한 학기 정도는 적응하느라 정신없이 보내고 2년 차에 이제 재외한국학교에 대해 뭔가 조금 알 것 같은데 재계약을 신청할지 말지 기로에 놓인다. 겨우 적응했는데 떠나자니 아쉽고 연장을 하자니 처음에 2년만 나오려고 했던 계획과 달라진다.

2년 차에 나는 '모국방문프로그램'이라는 업무를 맡아 학생들을 데리고 한

국으로 체험학습을 준비하고 있었는데, 공교롭게도 이듬해가 한-베 수교 25주
년이 되면서 대사관과 함께 추진하게 되었다. 업무가 다음 해로 넘어가게 되니
자연스럽게 1년을 연장하면서 베트남에서 3년을 근무하게 되었다.

　베트남에서 3년 차에는 유종의 미를 거두고 이제 한국으로 돌아가서 채움
의 시간을 가져야지 마음을 굳게 먹고 있었다. 막상 한국에 가려고 하니 갑자
기 허무한 마음이 들었다. 처음에 재외한국학교에 나오고 싶었던 목표를 이루
었는지 돌이켜보면 채워지지 않은 부분이 있었다. 한국 문화, 특히 한국무용을
현지에 전파하고 싶었는데 하노이에서는 그 부분이 조금 아쉬웠다. 시간은 빠
르게 흘러 또다시 10월이 왔고, 그때 마침 대만 가오슝 한국학교의 공고를 보

게 되었다. 한국으로 가겠다면서 다른 학교의 공고는 또 보게 된다. 선발 우대 조건이 '중국어 가능자, 한국무용 지도 가능자'였다. 마치 한국 들어가지 말라는 계시 같았다. 홀린 듯 지원서를 제출하고 면접을 보고 베트남에서 바로 대만으로 가게 되었다.

9월 말, 10월 초는 재계약을 신청한 사람도 하지 않은 사람도 모두 싱숭생숭해지는 시기이다. 돌아갈 때가 언제라고 처음부터 딱 정해져 있다면 좋겠지만 돌이켜 생각해보니 아쉬움이 적당히 남았을 때가 떠나야 할 때가 아닌가 싶다. 마지막의 마지막까지 질리도록 남아있기보다는 좋은 추억으로 아쉬움에 다시 찾을 수 있는 때에 떠나는 것이 가장 좋은 것 같다.

나를 찾아줘

처음 해외에 살게 되었을 때는 아무도 나를 모르는 곳에 가서 살아보고 싶다는 마음이 컸다. 그런데 사람의 마음은 참으로 우습게도 가지지 못한 것을 바라게 된다. 누가 나를 만나러 한국에서 와주지 않을까 하는 기대가 생긴다. 누군가 비행기를 타고 나를 찾아온다고 하면 그렇게 기쁠 수가 없다. 1년에 한두 번 있는 귀한 휴가에 나를 고려해 주었다는 게 감동으로 다가온다.

해외 생활 5년 차가 되면서 '일상은 여행처럼, 여행은 일상처럼'의 경계도 점차 모호해진다. 표지판의 글자 하나, 나무에 달린 나뭇잎 하나까지도 새롭던 시절이 언제였던가 싶다. 우리가 평소에 숨 쉬는 공기를 의식하지 않듯 나를 둘러싼 환경에 익숙해지고 일상이 무료해질 때 불쑥 나를 찾아주는 이들이 더욱 반갑다.

그간 많은 손님이 내가 머무르고 있는 나라에 다녀갔다. 5년의 해외 생활 마지막 해를 맞이하며 손님들이 찾아오기 편하게 집도 평소 거의 타지 않는 지하철 역세권으로, 혼자 있을 땐 1달에 1번 갈까 말까 한 야시장 앞으로 구했다. 찾아오는 손님들은 내가 혹시나 바쁘거나 불편하거나 귀찮지는 않을까 염려하기도 한다. 사실 그런 것보다도 상대의 취향을 전혀 짐작할 수 없는 경우가 가장 곤란하다. 식당에 가서 '아무거나'를 주문하거나 '알아서 적당히', '한국 사람들이 좋아하는 곳'과 같이 모호한 기준을 말하면 그때부터 손님의 취향 파악에 집중해야 한다. 내가 바라는 것은 그저 내가 머무는 나라에서 재미있는 경험과 좋은 추억을 가지고 돌아갔으면 하는 마음, 그게 전부이다. 대부분은 여행을 온 이들이 가지고 온 설렘의 공기에 덩달아 설렌다.

'이건 어디에 쓰는 물건이야?', '이건 무슨 뜻이야?', '어떻게 해야 해?', '저건 왜 저렇게 하는 거야?' 하루에도 쏟아지는 다양한 질문 속에서 지금껏 매일 보고 있으면서도 발견하지 못했던 새로운 것을 발견한다. 혼자 다닐 때는 뭔지 몰라도 그냥 귀찮아서 혹은 자연스럽게 알게 되겠거니 하고 넘어가던 것도 2박 3일, 3박 4일 잠시 방문한 손님들이 궁금해하면 사진을 찍고, 검색하고, 현지 친구들에게 물어서 어떻게든 알아내어 알려주고 싶다. 여행자들 사이에서 이미 유명한 핫플레이스도 손님들 덕분에 알게 된다. 잘 안다고 생각하던 곳인데도 처음 온 것 같은 기분은 이들이 없다면 느낄 수 없다. 내 관심사가 아니라서 알고 있어도 경험하지 않았던 것도 새롭게 도전해보게 된다.

혼자 할 때 재미있었던 것은 둘이서 하면 두 배로 재밌고, 넷이면 네 배로 재밌어지는 신기한 현상이 일어난다. 누군가 같이 가면 더 좋을 것 같아 아껴두었던 곳도 가보고 내 일상도 공유해 본다. 내가 매일 출근하는 길, 내가 산책하기 좋아하는 공원, 내가 자주 가는 단골집, 나에게 의미 있는 장소, 내 추억이 담겨있는 소중한 곳을 소중한 사람들과 함께하는 기쁨을 알게 해주는 이들에게 고맙다.

'예전에 내가 베트남 갔을 때 네가 데리고 갔던 거기', '예전에 내가 너 보러 대만 갔을 때 같이 먹었던 그 음식'이 우리 기억에 함께 남았다. '내 추억의 장소'일 때보다 '우리 추억의 장소'가 될 때 더 오래 기억에 남는다. 그간 나를 찾아주고 추억을 공유해준 많은 이들과 앞으로도 추억을 나눌 일이 많았으면 한다.

웃으며 안녕하기

매년 헤어지고 또 새로운 사람들을 만나는 것이 익숙해질 때도 되었는데 올해도 막상 마지막 인사를 하려니 눈물이 난다. 웃으며 '안녕' 하고 싶었는데 나를 보는 말간 눈동자들을 마주하니 한마디 말하기도 전에 목소리가 떨리고 눈시울이 뜨거워진다.

재외한국학교에서 안녕의 의미는 한국에서보다 더 깊게 다가온다. 한국에서야 한 학교에서 기본 4~5년은 근무하고 제자들을 쉽게 만날 수 있고 종종 졸업하고도 찾아오는 녀석들도 있다. 하지만 재외한국학교에서는 이제 이 학교에서 이 아이들을 다시 만날 일은 없다. 같이 근무했던 동료 선생님들도 전국 각지에서 모였다가 제각기 왔던 곳으로 돌아가니 한국으로 함께 돌아가도 다시 만나기가 생각처럼 쉽지 않다. 이런 생각을 하며 안녕을 고하는 그 순간이 오면 나도 모르게 울컥하는 마음이 솟아난다. 그렇다고 마냥 이별을 슬퍼하는 것은 내 스타일이 아니다. 마지막의 마지막까지 시간을 쪼개고 쪼개어 추억 만들기에 돌입했다.

학교에서는 아이들에게 학년이 끝나갈 무렵 선생님이 한국으로 돌아갈 때가 되었다는 것을 알렸다. 선생님, 친구들과의 이별이 잦은 곳이라 나보다 아이들이 조금 더 담담하지만 그래도 서로가 서로에게 이별할 시간과 과정이 필요하다. 이 학교와 약속한 시간이 다 되었기 때문에 이제 다른 곳으로 가게 되는 것이고 멀리 있어도 늘 제자인 너희들을 자랑스럽게 생각할 거라는 점을 설명했다. 그리고 1년 동안 열심히 공부한 것을 축하하며 책거리를 하고 소감을 나누는 시간을 가졌다.

해외에서의 일상을 소중하게 만들어 준 친구들에게는 마지막으로 한국 음식을 만들어서 대접했다. 직접 만드는 체험을 할 수 있는 요리로 김밥이 좋다. 김과 밥은 구하기 쉽고 안에 넣을 것을 소고기, 참치, 달걀, 오이, 당근, 파프리카 등 다양하게 준비해서 자기가 좋아하는 재료를 넣어서 만들 수 있게 하면 보기에도 예쁘고 맛도 좋은 한국 음식이 완성된다. 후식으로는 호떡을 준비해서 같이 만들었는데 이것도 호불호가 갈리지 않는 인기 메뉴이다.

부족한 나를 늘 도와주고 곁에서 힘이 되어준 동료들을 위해 집에서 감사파티를 했다. 집에 동료들을 초대해야 하니 이사 전 청소도 더 깨끗이 하게 되어 일석이조이다. 가져갈 수 없지만 버리기에 아까운 물건들도 깔끔하게 정리하고 예쁘게 진열을 했다. 그리고 손님들이 온 순서대로 추첨권을 뽑아서 당첨된 물건을 가져갈 수 있는 소소한 이벤트를 준비했다. 물건들이 좋은 주인을 찾아가는 것도 뿌듯하고 모두에게 즐거운 시간을 선사할 수 있어서 행복했다. 줄무늬로 드레스 코드도 맞추고 색종이로 가렌드도 만들어 달아서 제법 파티 같은 분위기를 내었다. 맛있는 음식을 만들어서 나누어 먹으면서 보드게임도 하고 사진도 찍고 마지막 추억을 쌓을 수 있는 뜻깊은 시간이었다.

이사 준비만으로도 정신이 없지만 그래도 마지막을 함께 해주는 사람들이 있다는 것이 감사하다. 내가 떠나는 것을 진심으로 아쉬워해 주고 앞날을 빌어 주는 사람들을 만난다는 것이 얼마나 축복인가. 이별이 아쉽지만, 우리 모두 지구여행자니까 한국, 또는 세계 어디서든 인연이 닿는다면 또 만날 수 있을 것이다. 웃으며 다시 만나 '안녕'할 그날까지 모두 건강하고 행복하길 바라본다.

눈에서 멀어지면 마음에서도 멀어진다?

'포도주와 친구는 오래될수록 좋다.'라는 속담처럼 오래된 인연은 귀하다. 해외살이는 그 오래된 인연을 시험한다. 계획 없이 한국을 오래 떠나 있게 되니 자연스럽게 인간관계가 단출해졌다. 한국에 가더라도 1년에 한두 번, 기간도 1주일 정도인데 그사이에 만나고 싶은 사람을 다 만나기는 어렵다. 평소에 연락이 없다가 갑자기 나 한국 왔다고 연락하기도 그렇고, 연락만 하고서 얼굴도 안 보고 가기도 서운하고, 해외에서 들어왔는데 빈손으로 만나기도 민망하고 이런저런 생각만 많아지다 결국 그냥 몇 년간 안부도 못 전하는 경우도 있다. 20대 후반에서 30대 초반 특히 경조사가 많은 시기에 잘 챙기지도 못했다.

요즘같이 SNS가 발달해 있는데 그 흔한 카톡도 안 보냈다는 것은 마음이 없어서라고 생각할 수도 있을 것이다. 온라인보다 오프라인을 지향하는 삶을 살아와서 전화통화나 영상통화가 익숙지 않다. 가족들에게도 '무소식이 희소식이다.' 하며 특별한 일이 있지 않으면 거의 연락하지 않고 평소에 친구들을 만날 때도 "우리 지금 만나!", "이번 주에 놀자!" 급 만남을 추구한다. 사람들을 만나면 빨리 친해지는 편이고 새롭게 만난 관계에 쉽게 빠지는 편이다.

오랜 인연을 소중하게 생각하지 않아서가 아니라 당장 곁에 있는 사람들에게 조금 더 집중할 뿐인데 이건 내 중심적인 생각이겠지. 그래서 종종 서운하다는 말을 듣기도 한다. 그런데 나는 청개구리 같은 기질이 있어서 "왜 그동안 연락을 안 했어?" 같은 말을 들으면 더 연락하기가 싫어진다. 내가 연락을 잘 못 한다는 건 인정하지만 그 말을 하는 상대방도 그간 나에게 연락을 안 했던 것은 마찬가지이니까. 일부러 안 한 것은 아닌데 서로 서운함을 표현하는 말보다는 그냥 "오랜만이다. 그동안 잘 지냈어?"로 인사를 전하면 좋겠다.

군이 이런 말을 하지 않고 1~2년 만에 만나더라도 어색함 없이 마치 어제 만났던 것처럼 편안한 사람이 있다. 내 부족한 부분을 이해해주고 장점을 보아주는 이들이 있다. "역시, 너답게 잘 지내고 있을 줄 알았어!"라며 몇 년 만의 재회를 반갑게 맞이해 줄 때 고맙다. 눈에서 멀어졌는데 마음만은 그 자리에 있었으면 하고 바라는 것도, 가까워지지는 못했지만 나는 멀어지지 않고 이 자리에 있었다는 것을 알아주었으면 하는 것도 내 욕심이라는 것을 알고 있다.

귀국을 앞두고 한국에 가면 보고 싶은 얼굴이 많은데 눈에서 멀어졌던 기간 만큼 멀어진 마음을 확인하는 것은 무심했던 나에게도 속상한 일이다. 귀국을 20일 앞둔 밤의 괜한 걱정이다.

맥시멀리스트의 해외 이사

나는 가족들과 친구들 사이에서 유명한 맥시멀리스트이다. 그러면서 이사는 자주 한다. 이사를 자주 한 덕분에 그나마 짐이 감당할 수 있는 정도로 유지되고 있다. 이사할 때쯤이면 주변 사람들을 집에 더 자주 초대한다. 주변인들은 곧 이사할 거라는 사람의 집이 도저히 이사할 수 있는 상태가 아닌 것을 보고 나보다 더 걱정을 한다. 그리고 이사를 조금씩 거들어 준다. 이사서비스가 한국처럼 잘되어 있는 곳이 아니어서 매번 이사 때마다 몸살이 날 정도로 고생을 했다. 트럭을 불렀는데 리어카 달린 오토바이가 오기도 하고 큰 택시 1대로 충분히 갈 수 있을 줄 알았는데 3번도 넘게 옮기기도 하고 호기롭게 천천히 직접 오토바이로 이사하겠다고 마음먹고는 1주일이 걸리기도 했다.

대체 나는 왜 맥시멀리스트가 되었나? 원인은 크게 두 가지이다. 한 가지는 '잘 버리지 못하는 습관'이다. '혹시나 필요할지도 몰라.' 하는 마음에 책꽂이, 서랍마다 버려야 하지만 버리지 못한 물건이 빼곡하다. 필요 없고 사용하지 않을 것을 알면서도 손에 쥐고 놓지 않는다. 또 다른 한 가지는 '쟁여두는 습관'이다. 생필품이나 화장품을 살 때 당장 필요한 물건만 사는 것이 아니라 한번 살 때 1년 치를 산다. 사둔 것을 잊어버리고 또 사기도 하고 선물 받기도 하면

서 이사할 때 옮겨야 할 짐이 더 늘어나게 된다.

나쁜 습관을 알고 있으면서 이사만 마치면 금세 다시 물건들로 집이 꽉 찬다. 다 필요한 물건이니까 과소비가 아니라는 위험한 생각과 습관이 나를 맥시멀리스트로 만들었다.

넓은 집에 살면 넓은 집에 사는 대로, 좁은 집에 살면 좁은 집에 사는 대로 물건이 온 집안에 흩어져있는 것을 매년 가방이 터지도록 짐을 꾸려 옮기는 것이 쉬운 일이 아니다. 5년 사이에 한국에서 베트남으로, 베트남에서 대만으로, 대만에서 한국으로 국제이사만 3번이다. 중간에 집을 옮기느라 이사한 것이 또 3번이다. 6번의 이사에서 문제는 집이 아니라 내 짐의 양이었다.

이번에는 정말 단출한 이삿짐을 만들고 말겠다고 다짐했다. 한국으로 이사를 3개월 앞둔 시점에 '하이미니'와 '당인정'이라는 온라인 모임을 알게 되면서 조금씩 변화를 시작했다. 혼자였으면 미적거렸을 정리를 다른 분들과 함께하면서 공간도 비우고 마음도 비우며 차근차근 귀국준비를 해나갈 수 있었다. 먼저 가방과 신발, 옷을 줄였다. 가지고 있는 것이 주로 여름 물건들이라 5년 쓰면서 자주 빨고 자외선에 노출되어 많이 상했기 때문에 과감하게 처리할 수 있었다. 부엌살림과 정리 용품들은 대부분 버리거나 다음에 오실 분들에게 드리기로 했다. 전자제품도 다행히 110v는 한국에서 쓸 수 없으니 저렴한 가격에 판매할 수 있었다.

가장 처치하기 힘든 것이 책, 취미용품, 추억의 물건이다. 책은 학교 도서관에 기증하고 취미용품은 한국에서 오는 손님들에게 남는 캐리어 자리를 빌려 한국으로 가져갈 수 있도록 부탁했다. 추억의 물건이나 편지는 사진으로 찍어서 남기고 추억 속에 남기기로 했다. 가져가고 싶은 것도 많은데 현재 있는 것이 해결되기 전까지는 아무것도 사지 않기로 마음먹었다. '한국 가면 예쁜 거 더 많을 거야.' 하며 사고 싶은 것이 생기면 그 물건을 사는 대신 구글 시트에 적어두었다. 최소한 짐이 더 늘어나는 사태는 막았다.

귀국을 2주 앞두고 2주 동안 여행을 왔다고 생각하고 캐리어에 현재 사용하는 모든 물건을 넣어 보기로 했다. 이렇게 2주 동안 생활하다 그대로 트렁크 2개를 끌고 비행기를 타는 것이 현재 목표이다. 필요한 것을 트렁크 속에서 찾다 보니 정말 생활 여행자가 된 느낌이다. 트렁크 미니멀리스트가 되어 한국에서도 짐을 캐리어 속에 넣어 두고 생활해도 좋겠다는 생각이 든다. 가벼운 짐으로 훌훌 떠나는 해외 이사를 꿈꾸면서 트렁크 정리를 한 번 더 해보아야겠다.

코로나 19와 함께한 귀국길

한국으로 돌아가기 2달 전부터 서서히 귀국을 준비했다. 주변을 차근차근 정리해 나갔다. 정리의 기준은 '한국에 가서 바로 필요한 물건'이었다. 학교에서 다시 사용할 물건은 국제택배로 배송해서 한국의 학교에서 바로 받으면 편하니까 박스에 차곡차곡 담았다. 참 좋은 생각이라며 뿌듯해했다. 귀국 이틀 전에 15kg의 박스를 가지고 우체국으로 갔다. 미리 보낼 수도 있었지만, 사람보다 짐이 먼저 가 있으면 괜히 민폐일까 봐 내가 출근할 시기에 맞춰서 도착할 수 있도록 기다렸다. 하지만 복병이 숨어 있었다. 입구에 보이는 '24일까지 국제 우편 업무 금지' 글씨를 보면서 설마 하며 접수창구에 문의했다.

"혹시 지금 한국으로 택배 보낼 수 없나요?"라는 나의 물음에 마스크를 쓴 직원은 대답 대신 손가락으로 입구에 붙어있던 것과 같은 종이를 가리켰다. "아, 그럼 언제쯤 보낼 수 있을까요?" 직원은 마지못해 대답해 주었다. "일단 24일까지 금지이고 25일은 그때 되어봐야 알 수 있어요." 완벽하다고 생각했던 내 계획이 단숨에 무너졌다. 하지만 내일 비행기를 타야 하는데 시간이 없다. 15kg짜리 박스를 다시 끙끙대며 집에 가져와서 모든 짐을 다시 풀었다. 출근해서 필요한 물건을 캐리어에 넣고 여름 물건이라 당장 쓰지 않는 것을 박스

에 재배치했다. 그리고 차를 가진 동료 선생님께 25일 이후에 상황 봐서 국제 택배로 보내주실 것을 부탁했다. 다행히 주변의 도움으로 이삿짐이 수월하게 마무리되었다. 2월에 보내지 못했던 짐은 3월 말 생일날 생일선물처럼 한국으로 왔다.

이삿짐을 해결했으니 그 다음은 집 보증금을 돌려받기 전 물, 전기, 가스비를 결산하러 각각 정산소에 들러야 했다. 정산소 입구에서부터 마스크를 쓴 두 분의 직원이 나와 비접촉 체온계로 우선 체온을 재고 손에는 소독제를 뿌렸다.

"어떻게 오셨어요?"
"이사 관련 결산하러 왔어요."
"번호표 뽑고 기다리세요."

손에 장갑이라도 끼고 와야 했나 싶을 정도로 타인과의 접촉을 원천 봉쇄하는 기분이었다. 번호표 기계도 계속 소독제로 닦고 돈을 내는 접시나 번호표 담는 통도 사람의 손을 이용하지 않고 움직였다. 전 세계가 코로나 19로 비상이니 과하다 싶을 정도로 통제하는 것이 맞는다는 생각이 들었다. 중국의 한국학교에서 근무하는 친구도 이번에 나와 같은 시기에 귀국인데 그쪽은 은행 업무가 중단되어서 3년간 은행에 저축한 돈도 찾지 못하고 마냥 업무가 재개되길 기다릴 수 없어서 몸만 탈출했다. 한국 들어가기 전에 마지막으로 대만 무제한 기차탑승권 구매해서 한 바퀴 돌고 귀국하고 싶었는데 한국으로 갈 수 있다는 것에 감사해야 하는 상황이 올 줄은 꿈에도 몰랐다.

시내가 이 정도인데 고위험지역인 공항은 어떨지 긴장되었다. 혹시나 몸 컨디션이 좋지 않으면 안 되니 비타민도 잘 챙겨 먹고 잠도 푹 자고 규칙적인 생활을 했다. 다행히 몸은 최상의 컨디션이었다. 평소보다 조금 서둘러 공항에 갔다. 기내 수하물 10kg과 위탁수하물 15kg으로 최대한 짐은 단출하게 꾸렸다. 중국에서 오는 비행기가 일부 통제되고 여행 가는 사람도 많이 줄었다더니 공항 전체가 평소보다 훨씬 한산했다. 티켓 카운터도 도착하자마자 발권을 처리해주었고 공항 곳곳에 소독제가 보였다. 사람들과 스치지 않는 구석진 자리에서 탑승을 기다렸다. 순조롭게 탑승을 했는데 비행기 좌석의 3분의 1 이상이 비었다. 내가 앉은 줄은 나 혼자 앉아서 편안하게 쉴 수 있었다. 비행기 내부 무게 중심이나, 바이러스 감염 예방 등의 이유로 일부러 승객을 떨어뜨려 배치했다는 안내 방송이 나왔다.

긴장한 상태로 하루를 보냈던 탓인지 비행기 이륙과 동시에 잠이 들었고 눈을 뜨니 한국이었다. 편서풍을 타고 와서 예상시간보다 20분이나 일찍 도착했고 승객이 많지 않아서 짐도 빨리 나와서 공항 밖으로 20분 만에 나올 수 있었다. 검역이 심할 것으로 예상했는데 평소보다도 더 수월하게 심사가 끝났다. 모든 사람이 마스크를 착용한 것 이외에는 크게 평소와 다른 것이 없었다.

비행기 못 들어오게 할까 봐 걱정했던 것에 비해 순탄한 귀국길이었다. 평소같으면 한국 오기 전에 여행도 하고 한국 들어오자마자 약속을 잡아 사람들 만나느라 바빴을 텐데 조용히 집에서 자가격리를 하며 책 마무리에 집중했다. 준비했던 귀국계획과는 많은 차이가 있었지만 무사 귀국에 감사할 따름이다. 재외한국학교에서 근무하고 계신 모든 선생님들, 공부하고 있는 학생들의 건강과 안녕을 바라며 하루빨리 코로나 19가 종식되고 일상으로 돌아갈 수 있기를 기원한다.

언제든 돌아올 곳이 있다는 것

한국의 공항에 도착해서 몇 시에 몇 번 게이트라고 말만 하면 언제든 나를 마중 나오는 사람이 있다. 먹고 싶은 음식 메뉴만 말하면 아침, 점심, 저녁 삼시 세끼 내 입맛에 딱 맞는 거로 식탁에 올려주는 사람이 있다. 어디 한 곳에 매이지 않고 떠도는 것처럼 보이는 나도 마음만 먹으면 언제든 돌아올 곳이 있다. 지구여행자랍시고 틈만 나면 비행기 탈 궁리만 하지만 아무 때고 돌아올 곳이 있다는 것은 마음의 든든한 울타리가 된다.

한국에 와서 제일 먼저 처리한 공식적(?)인 일은 복직 서류를 쓰러 학교에 간 것이다. 마음 편하게 해외살이를 한 것도 집과 마찬가지로 내가 마음만 먹으면 돌아갈 수 있는 직장이 있었기 때문이다. 최대 장점이자 최대 단점일 수 있는 조건을 마음껏 누렸다. 서류에 지난 경력을 기록하면서 한국에서 일한 경력보다 해외에서 일한 경력이 2배인 것을 보니 나 스스로도 어색했다. 같은 학교에 돌아왔지만 5년 전 함께 일했던 동료 선생님들은 이미 다 다른 학교로 전근을 가시고 다시 처음 발령을 받던 날과 같다. 한참을 끄적거린 내 서류를 보신 교감 선생님께서도 의아한 목소리로 말씀하셨다.

"해외가 잘 맞았나 봐요? 어떻게 5년이나 밖에 있었지?"

예상했던 질문이다.

"저도 5년이나 있으려고 나갔던 것은 아닌데 어쩌다 보니 그렇게 되었네요."

글쎄, 정말 무슨 거창한 계획이 있었다면 이렇게 가지고 있던 모든 것을 소진하고 돌아오진 않았을 것이다. 도전해보고 싶은 것에 도전해보았고 살고 싶은 곳에서 살아보았다. 정해진 범주 안에서의 일탈이 모두 끝이 난 것이다. 성공과 실패의 기준도 없고 내가 가진 것을 내버리고 도전한 것도 아니니 남들이 달리는 것과는 다른 새로운 트랙을 따라 한 바퀴를 달려 원점으로 돌아온 기분이다. 8년 전의 나와 지금의 나를 비교하면 서류상 기록할 수 있는 성장은 찾을 수 없다. 복직 서류상의 나는 3년 한국에서 일했고 5년 휴직 후 복직하려는 교사 그 이상, 그 이하도 아닌 상태이다.

한국이 너무 그리워서 돌아오고 싶은 마음이 가득해서 한국에 돌아온 것은 아니다. 교육청의 복무규정이 휴직 후 5년이 되면 반드시 돌아와야만 했고 5년이 되지 않아도 내가 정하면 언제든 돌아올 수 있는 곳이라고 생각하니 귀국의지가 더 없었던 것 같다. 부모님 댁에 도착해 "다녀왔습니다." 하는 순간에도 한국에 돌아온 것이 실감 나지 않는다. 몸은 왔는데 마음은 아직 다른 곳에 있는 기분이다. 이런 마음으로는 언제고 또다시 떠나고 돌아오고를 반복하는 삶이 되겠구나 싶다. 언제든 돌아올 곳이 없었다면 나는 떠났을까, 떠나지 않았을까? 아마도 이렇게 대책 없이 떠돌아다니지는 않았을 것 같다.

한국에 '잠시' 돌아온 지금, 이제 다시 시작이다. 새로운 여행을 떠나기 위해 준비하는 기간이라고 생각하면 한국에 머무르는 기간이 더 즐겁게 느껴질 것 같다. 언제든 새로운 기회가 왔을 때 다시 떠날 수 있는 실력과 배움을 장착해야지. 나의 여행은 아직 끝나지 않았다.

제 5 장

외국인의 시선에서 본
베트남, 대만의 풍경

외국인의 시선

베트남은 '포스트 차이나'로 불리면서 인구 1억에 만 35세 미만 인구가 전체의 60%에 달하는 나라이다. 대부분 이르면 고등학교 졸업과 동시에, 대학을 다니는 경우 대학을 졸업하면서 만 25세 전후에 가정을 꾸린다. 20대 후반 베트남에 처음 가게 되었을 때 미혼인 나를 대부분 걱정했다. 그도 그럴 것이 함께 일하는 베트남 동료 중 나와 비슷한 나이 때의 분들은 대부분이 결혼하여 아이가 둘 이상이었다. 놀이터나 길에서 아이들을 쉽게 볼 수 있고 큰 마트나 식당에 가도 아이들을 마치 한국에서 어린이날 외출했을 때처럼 많이 볼 수 있었다. 그 풍경이 낯설면서도 베트남이 젊은 나라라는 것이 생생하게 느껴졌다. '인구 황금기'라는 말이 과장이 아닐 정도로 젊은 층을 중심으로 소비가 일어나니 경제가 급속도로 성장하고 있고 나라 전체에 활기가 넘쳤다.

교육열 또한 점점 높아지고 있는데 인상 깊었던 것은 젊은이들이 미래에 대한 희망을 품고 작은 것부터 실천하는 모습이었다. 공원을 산책하면 학생으로 보이는 현지인이 말을 걸어오는 경우가 종종 있는데 들어보면 '영어를 공부하고 있는데 외국인들이 많이 오는 관광지라 연습하고 싶다.'라는 것이다. 이렇게 영어를 연습하고 대학생들이 운영하는 '무료 워킹 투어'의 영어 가이드를 하기도 한단다. 취업보다는 페이스북이나 인스타그램, 잘로 같은 SNS를 이용하여 온라인을 통한 청년 창업도 늘고 있다. 함께 언어교환을 했던 베트남 친구 중 일부는 한국으로 어학연수를 와서 페이스북을 통해 다양한 한국 상품을 소개하거나 판매하는 일을 하고 있다. 한국어를 공부하는 학생들도 중학생부터 직장인까지 다양했는데 열의를 가지고 자신이 좋아하는 것을 찾는 젊은이들이었다.

대만은 1980년대 우리나라보다 더 일찍 경제발전을 이루었다. 그렇지만 현재 중국과의 양안 관계 등 정치적인 이유로 경제성장률이 예전만 못하고 중소기업과 하청업체 위주의 경제구조에 최저임금도 한국의 절반 수준이다. 소득보다 부동산의 가격은 높은 편이라 대만의 출산율도 한국 못지않게 낮다. 그러다 보니 능력이 있거나 여유가 있는 젊은 층은 자연스럽게 해외로 눈을 돌리게된다. 중국도 대만의 인재를 흡수하기 위해 장학금을 주거나 좋은 직장을 제공하는 등 아낌없는 지원을 하고 있다. 이러한 상황에서 애국심만으로 대만에 남아있기란 쉽지 않을 것 같다. 실제로 같은 직업으로 중국에서 일하느냐 대만에서 일하느냐에 따라 연봉의 차이가 크다. 가족이 대만에 살면서 가장만 중국과 대만을 오가는 경우도 많다.

내가 대만에 왔던 해는 대만의 지방선거가 있었던 2018년이다. 길거리마다 커다란 포스터로 도배가 되어있었는데 후보들이 대체로 30~40대로 보였다.

젊은 정치인들의 모습에 흥미가 생겨 찾아보니 대만의 국회의원 연령이 평균 49.9세로 한국의 55.5세보다 확실히 젊다. 심지어 한국은 점점 국회의원의 평균 연령이 높아지고 있다. '88만 원 세대'의 우석훈 경제학자가 말한 것처럼 '4차 산업혁명 시대에는 젊은 지도자일수록 실생활에 최적화된 정책을 펼 수 있다.'에 동의한다. OECD 소속 36개국 중 15개국을 3040 젊은 리더가 이끄는 것처럼 대만에도 젊은 지도자 바람이 불고 있다. 그리고 젊은 층이 정치에 관심이 많다. 중국의 압박이 갈수록 심해지고 있지만, 앞으로의 대만이 기대되는 이유이다.

외국인의 시선으로 다른 나라의 상황을 보고 있으면 우리나라의 모습이 떠오른다. 한국에 있을 때는 잘 느끼지 못했던 것이 해외에서 생활하면서 당연한 것으로 생각하던 것을 비교하게 되고 의문이 들고 새로운 시각에서 생각하게 된다. 우리의 미래는 어떻게 될 것인가? 나는 한국에 뿌리를 내리고 살 수 있을까? 어떤 희망을 품고 살아야 하나? 내가 우리나라를 위해 할 수 있는 작은 변화는 무엇이 있을까? 귀국을 앞두고 많은 고민이 꼬리를 물고 떠오른다.

내 마음의 문제

느긋하고 너그러운 마음을 가진 사람들이 사는 나라에서 사니 좋다면서도 불쑥 답답한 마음이 솟아날 때가 있다. 뭐든 '빨리빨리' 해야 하는 나라에서 태어나 자란 나에게 뿌리 깊게 내려져 있는 강박증이다. 나도 이들처럼 여유로워지고 싶다고 생각하다가도 습관처럼 '한국인처럼' 생각하게 된다.

대만은 본 섬에 가깝게 크고 작은 섬들이 있어서 잠시 도심을 떠나고 싶을 땐 배를 타고 쉽게 섬 여행을 떠날 수 있다. 가장 가까운 섬은 배로 10분이면 닿을 수 있다. 선착장에서 바라보면 수영을 해서도 갈 수 있을 것처럼 가깝다. 그런데 줄을 서서 배를 기다리고 기름 냄새와 울렁거리는 파도를 타고 있으면 '대체 왜 다리를 안 만드는 걸까?' 하는 생각이 든다. 큰 배가 들어와야 할 수도 있으니까 차단기로 개폐를 조절할 수 있는 다리가 생기면 새로운 관광명소도 되고 사람들도 편리하고 좋을 것 같다.

나뿐만 아니라 이 섬을 다녀간 많은 한국 사람들이 비슷한 의견을 가졌다. 하지만 다리가 생기면 하나의 대중교통이 사라지게 된다. 섬의 관광객 수도 훨씬 많아질 것이고 일몰이 아름다운 것으로 유명한 곳이니 특정 시간대에 더욱 몰리게 되어 결국은 현재의 평화로운 해 질 녘 풍경은 사라지게 될 것이다.

또 다른 내가 좋아하는 섬에 가는 배를 타려면 다른 도시에 있는 선착장까지 1시간 정도 시외버스를 타고 가서 그 도시의 선착장에서 배를 타고 20분 정도를 가야 한다. 내가 사는 도시의 선착장에서는 그 섬으로 가는 배가 없다. 그런데 2019년 일본 불매운동의 여파로 많은 일본 노선이 대만 노선으로 변경되면서 대만을 찾는 한국 관광객이 많아지고 이 섬의 여행객이 갑자기 급증했다. 한국이라면 진작 내가 사는 도시의 선착장에서 섬까지 직항으로 가는 배편이 생기고도 남았을 터인데 그럴 기미는 전혀 없다. 직선거리로 50km 정도인 곳을 2시간 넘게 버스를 타고 배를 타고 가려니 여간 귀찮고 힘든 것이 아니다.

한편 생각해보면 현지 분들은 이렇게 내내 지내 왔다. 단지 현재 관광객이 조금 늘었다고 해서 지금껏 살아온 생활방식을 바꿀 이유가 없는 것이다. 이런 방식으로도 지금까지 전혀 문제가 없었다. 문제라면 내 마음일 것이다. 당연한 것을 바라보며 답답해하고 다 이유가 있는 것을 자꾸만 바꿔보려는 마음. 느긋하고 여유로워지고 싶다면서 내 사고방식은 바꿔보려 하지 않았다. 그걸 깨닫고도 줄을 잘 서 있는 사람들 뒤에서 줄이 빨리 줄어들지 않아 발을 동동 구르는 것이 바로 나이다. 모든 것은 내 마음의 문제이다.

베트남 열한 도시 이야기 I : 사파(SaPa)

사파(SaPa)는 프랑스 식민지 시절 개발된 고산 지대의 휴양지로 여름에 방문하면 좋은 도시이다. 하노이에서 버스로 8~9시간 걸렸던 것이 2016년에 개통된 고속도로로 4시간 정도로 단축되었고, 침대 기차를 타고 가면 8시간 정도 걸려서 멋진 풍경이 기다리고 있어도 이동시간이 너무 길어서 고민되던 곳이다. 큰마음을 먹고 야간 기차를 타고 사파로 떠났다. 생각보다 기차 시설이 좋아서 기차가 달리는 소리를 듣다 까무룩 잠들었는데 일어나니 도착해있었다. 이렇게

편하게 자면서 올 수 있는 줄 알았으면 진작 올 걸 그랬다며 너스레를 떨었는데 날씨가 너무 흐려서 사파의 경치를 제대로 감상할 수 없었다. 그래서 두 번째 방문에는 날씨를 신경 써서 찾았고 운이 좋게 사파의 특징인 계단식 논과 판시판산을 만날 수 있었다.

베트남에서 가장 높은 판시판산이 있는 사파(SaPa)는 해발 고도 3,143m인 정상까지 운행하는 세계에서 가장 긴 케이블카(6,293m)로 유명하다. 케이블카가 생기기 전에 정상까지 등산하면 2박 3일이 걸렸다는데 케이블카를 타고 15분, 내려서 20분 정도 걸으면 쉽게 정상에 닿을 수 있다. 케이블카에서 바라보는 계단식 논과 소수민족 마을의 모습은 평화로운 베트남 시골의 정경이다. 멀리서 보면 그림 같은 풍경으로 들어가 보고 싶어진다. 그래서 사파를 찾는 사람들은 대부분 소수민족 마을 트레킹을 한다.

깟깟(CatCat) 마을과 타반(TaVan) 마을이 대표적이다. 보통은 홈스테이를 신청해서 숙소 주인이 안내해 주기도 하는데 나는 깟깟 마을의 입구 앞의 숙소를 예약해서 다녀오기로 했다. 깟깟 마을로 들어서면 자연스럽게 흐몽족 여인

들을 만나게 된다. 길을 안내해 주기를 자처하며 자신들이 직접 만든 수공예품을 판매하기도 한다. 관광지이니까 그럴 수 있다고 생각했다. 조금 있으니 초등학생 정도 되는 어린이들이 하나둘 나타났다. 등에 어린 동생도 업고 "Only 1 dollar", "Buy for me"를 외쳤다. 마음이 답답했다.

마을 입구에서 입장료도 사서 들어왔고, 기념품 가게에서 물건을 팔면 되는데 이렇게 어린아이들까지 이용해서 물건을 팔아야만 하는 것인지 안타까웠다. 파는 물건 중에 내게 필요한 물건도 없었고 물건을 사는 것이 아이들에게 도움이 되지 않을 것 같아서 가방에 있는 작은 간식을 같이 나누어 먹었다. 조용히 자연 속을 걷고 싶어 찾은 곳인데 상업화된 모습에 케이블카에서 감탄하면서 보았던 절경이 눈에 들어오지 않았다. 이 마을이 유독 상업화가 심하게 된 것이라고 믿고 싶었다.

사파의 중심지라고 할 수 있는 가톨릭교회와 광장 주변은 공사가 한창이었다. 호텔과 놀이공원이 생길 예정이라고 했다. 어둑해지면서 광장 주변에는 야시장이 열렸고 화려한 전통복장을 입고 화장을 한 작은 너덧 살 된 꼬마들이 사진을 찍어주거나 물건을 팔면서 돈을 받고 있었다. 그 모습을 보고 있자니 점점 화가 났다. 첫 번째 사파를 방문했을 때보다 두 번째 사파를 방문했을 때 더 심해졌다. 한화로 35,000원짜리 케이블카를 운행하고 5성급 호텔이 지어지면서 정작 이 터에 살고 있던 소수 민족에게는 독이 되고 있다고 느껴졌다. 아무것도 모르는 아이들이 이용당하는 듯한 모습이 가장 속상했다. 관광수익 대부분은 케이블카나 호텔 주인, 여행사에 돌아가고 있다. 관광객은 케이블카를 타고 5성급 호텔에 머물기 위해 사파를 찾는 것이 아니라 소수민족이 자연과 함께 공존하며 살아가는 법을 배우고 싶어 사파를 찾는 사람들이다. 하지만 사파는 이곳을 찾는 여행자가 미안한 마음이 들게 하는 도시였다.

사파에 '공정여행'이 하루빨리 자리 잡았으면 좋겠다. 소수민족의 삶과 행복이 유지되면서 여행자들이 머물 수 있는 방향으로 발전되기를 소망한다.

베트남 열한 도시 이야기 2 : 하노이(HaNoi)

베트남의 수도가 하노이인지 호찌민인지도 모르는 상태에서 베트남에 가게 되었다. 베트남에 대해서는 '쌀국수'밖에 몰랐다. 아는 것이 없으니 흥미도 없고 가보고 싶은 생각도 없었다. 이제 웬만한 동남아 국가는 거의 다 가보았고 이제 동남아는 당분간 그만 가도 되겠다고 생각하던 차에 덜컥 베트남에 여행이 아닌 거주하게 되었다. 하노이가 베트남의 북쪽에 있고 심지어 수도라는 것은 이주를 준비하면서 알게 되었다.

하노이는 하내(河內)라는 한자어에서 온 말로 '강 안에 있는 도시'라는 뜻이다. 그만큼 도시 안에 강이나 호수가 많다. 크고 작은 호수가 3,000개 가까이 된다고 하는데 걷다 보면 끊임없이 호수를 만나게 된다. 그 덕분에 아침에 물안개가 쉽게 피어오르고 맑은 날을 만나기가 어려우며 습도도 90%를 유지한다. 1년 내내 무더울 것 같지만 북부는 겨울이 꽤 쌀쌀해서 라디에이터가 필요하다. 오토바이를 타는 사람들은 한국에서 겨울철에 입는 패딩과 두꺼운 장갑을 착용해야 할 정도이다.

하노이의 첫인상은 '혼잡'이다. 공항에서 시내로 가는 길은 대형 트럭과 택시, 오토바이가 뒤엉켜 있고 귀를 때리는 클랙슨 소리에 정신을 차리기 어렵다. 시내

한복판에서 도심을 관통하는 경전철 공사가 5년 넘게 진행 중이라 원래도 교통체증이 심한데 더 복잡하다. 2015년에 갔을 때만 해도 공사가 한창이라 한국 돌아가기 전에 완공된 경전철을 타볼 수 있겠다고 생각했는데 2020년 지금까지도 일부 구간은 운행을 시작했지만, 아직 주요 구간은 공사가 진행 중이다. 경전철만 완공되면 교통체증과 미세먼지 두 마리 토끼를 잡을 수 있을 것이다. 2030년이 되면 하노이 시내에서는 오토바이 운행을 전면 금지할 목표를 세웠다고 하니 2030년을 기대해 본다.

이렇듯 복잡한 하노이지만 하노이만의 매력이 뚜렷하다. 역사가 천년이 넘는 오래된 도시라 거리 하나하나에 역사와 문화가 묻어난다. 베트남 거리의 이름은 대부분이 베트남 사람들이 존경하는 위인의 이름으로 되어있다. 그래서 다른 도시에 가도 같은 이름이 반복하여 쓰인다. 하노이를 찾는 여행자들이 주로 머무는 호안끼엠 호수 주변인 올드 쿼터 지역에는 '36거리'로 불리는 곳이 있다. 천 년 전인 리왕조 시대 때 상인조직이 거리마다 구역을 정해서 물건을 팔면서 시작된 곳이다. 판매하는 물품의 이름을 따서 거리 이름을 지었다. 항아리, 비단, 장신구, 가금류, 제사용품, 양철제품 등 골목을 들어서자마자 이 거리가 무슨 거리인지 한눈에 알 수 있다. '36거리에 없으면 베트남에 없다.'라는 말이 있을 정도로 다양한 물건을 만날 수 있는 곳이다. 호안끼엠 호수 주변을 주말 한정 '차 없는 거리'로 지정해서 호수 주변을 산책하는 여유를 즐길 수 있다. 프랑스 식민지 시절 건축물을 만날 수 있는 '프렌치 쿼터' 지역도 걸으며 돌아보기 좋다.

　수도도 싫어하고 시끄럽고 복잡한 것도 싫어하는 내가 3년이나 이 애증의 도시에 살았던 것은 전통과 문화가 있는 거리의 매력이었다. 여행으로 왔다면 다시 찾고 싶지 않은 도시로 기억에 남았을 것 같다. 하지만 살면서 시시각각 변화하는 하노이의 모습이 내 호기심을 끊임없이 자극했다. 내가 알던 거리가 자고 일어나면 변하고 도시 전체가 마치 살아있는 것처럼 꿈틀대는 것이 신기했다. 앞으로 변화될 혹은 변화되지 않을 하노이의 미래가 기대된다.

베트남 열한 도시 이야기 3 : 하롱(HaLong)

'하늘에서 용이 내려왔다.'라는 뜻의 하롱(下龍)은 베트남을 중국 침략으로부터 지키기 위해 용이 내려와 입에서 보석과 구슬을 뿜어냈는데 그것이 섬이 되었다는 전설에서 유래된 이름이다. 하늘에서 하롱베이를 내려다보면 2,000개에 가까운 섬들이 전설을 증명하듯 보석처럼 빛나고 있다. 산수화 속에서나 볼 수 있을 것 같은 자연경관의 수려함에 유네스코 세계유산으로도 등재된 곳이다. 카르스트 지형(석회암 등의 물에 녹기 쉬운 암석으로 구성된 대지가 빗물 등에 의해 용식 되어 생성된 지형)으로 만들어진 섬은 외형도 독특하고 섬 속에 동굴도 형성되어 있다.

하롱베이를 제대로 보려면 배를 타고 섬의 숲으로 들어가야 한다. 하롱베이를 편하게 돌아볼 수 있도록 반일, 전일, 1박 2일, 2박 3일 등 다양한 유람선 상품이 있다. 하노이에서 하롱베이까지 차로 편도에 4시간 이상 걸리던 것이 최근에는 고속도로가 개통되면서 편도에 2시간 반이면 다녀올 수 있는 곳이 되었다. 하지만 당일로 다녀오기보다는 하룻밤을 배에서 보내며 하롱베이의 밤과 아침을 느껴보는 것이 좋다. 관광유람선들이 선착장으로 돌아가고 고요한 곳에 정박한 배에서 바라보는 해 질 녘의 하롱베이, 새벽녘 해가 뜨는 고요한

하롱베이의 모습이 우리가 상상하는 하롱베이의 모습에 가장 가깝기 때문이다. 당일치기로 하노이에서 버스 타고 하롱베이에 도착해서 유람선을 타자마자 점심 식사를 하고 기념품 사고 동굴을 급하게 구경하고 다시 버스를 타고 하노이를 돌아본 후에 '세계문화유산이라 기대를 많이 했는데 생각보다 하롱베이 정말 별로였다.'라고 말하는 여행자들을 종종 만나게 된다.

어떤 도시이든 이런 방법으로 다녀오면 제대로 그 도시를 보기 어렵고 몸도 힘들 것이다. 특히 자연을 즐기는 여행지에서는 조금 더 여유 있는 일정이 좋은 것 같다. 우리가 여유를 가지는 만큼 자연도 우리가 기대한 것 이상의 모습을 보여준다. 관광객들이 다 빠져나간 해수욕장에서 새끼 거북이를 만나기도 하고 잔뜩 흐린 하늘에 갑자기 해가 나며 쌍무지개가 나타나기도 한다.

여행의 목적은 사람마다 다르고 무척 다양하다. 하롱베이를 찾는 여행자들

은 무엇을 위해 이곳에 왔을까 궁금했다. 우연히 만나게 되는 여행자들에게 물었을 때 꽤 많은 사람이 '대한항공 광고-누구나 저마다의 여행이 있다. 베트남 편'을 말했다. 2014년에 나왔던 광고로 내 기억에도 인상 깊었다. 그 광고는 설문조사 방식으로 몇 가지 질문을 던진다. '때론 유유자적 신선놀음에 빠지고 싶다.', '세월만큼 훌륭한 예술가는 없다.'에 'YES'라는 답을 한 사람들에게 '시간과 자연 앞에 겸손할 줄 아는 그의 여행 타입은…'이라며 하롱베이를 추천한다.

개인적으로 하롱에서 가장 아름다웠던 추억을 꼽자면 이른 아침 티톱섬 전망대에서 바라보던 물안개 속의 하롱베이, 뚜언 쩌우(Tuan Chau)섬에서 자전거를 타며 해안가 산책, 깟바(Cat Ba)섬 해수욕장에서 하롱베이 섬을 바라보면서 파도타기 하던 것이다. 수천 년의 세월이 만들어 낸 하롱베이 속에서 유유자적 신선놀음에 빠져보고 싶다면 어렵게 찾은 만큼 더 여유를 가지고 하루는 1박 2일 크루즈를 즐기고 하롱베이의 뚜언 쩌우섬이나 깟바섬에서 하루를 보내 보기를 권하고 싶다.

베트남 열한 도시 이야기 4 : 동허이(DongHoi)

동허이는 베트남 생활을 마치며 제일 마지막으로 갔었던 도시이다. 동허이가 기억에 가장 또렷이 남아있는 것은 그 때문만은 아니다. 내가 베트남에서 가장 엄청난 탐험을 했던 도시가 바로 동허이이다.

동허이에는 '퐁냐께방(Phong Nha Ke Bang)국립공원'이 있다. 2003년에 유네스코 세계자연유산에 등재되었고 아시아에서 가장 큰 카르스트 지형으로 넓이가 2,000km²에 이른다고 한다. 원시림 속에 숨겨진 2억 년 이상 오랜 시간 동안 형성된 석회암 천연 동굴이 300여 개인데 현재 베트남과 영국의 탐사 팀이 탐사 중이다. 세계 최대 크기의 석회암 동굴인 선둥(Son Duong) 동굴이 발견되었는데 비행기가 2대 지나갈 수 있을 정도로 높이 150m, 폭 200m, 길이 6.5km에 달하는 어마어마한 크기의 동굴이다.

여름에는 우기라 동굴 속까지 물이 차기 때문에 건기에 전문 가이드와 함께 제한된 소수 인원만이 탐사할 수 있는 곳이다. 체력에 따라 1단계에서 6단계, 당일치기에서 3박 4일까지 다양한 투어가 있다. 1일 10명 내외의 예약된 사람들만 갈 수 있고 투어 인원에 따라 가이드가 2인당 1명꼴로 배정되어 동굴 탐험을 돕는다. 마음 같아서는 가장 큰 선둥 동굴 탐험에 도전하고 싶었지만 3

박 4일 동안 동굴에서 먹고 자고 트레킹을 하기에는 체력이 걱정되었고 300만 원이 넘는 투어비도 부담되었다. 고민 끝에 세계에서 3번째로 큰 동굴인 항엔 (HangEn) 동굴에 도전하기로 했다. 항엔 동굴은 1박 2일 코스로 총 22km의 트레킹 거리이다. 길이는 조금 길지만 거의 평지를 걷는 코스라서 하루에 만 보 걷기로 10km를 걸으며 체력을 장전했다.

항엔 동굴로 떠나던 날 조금 긴장은 되었지만 두근거렸다. 한국인은 나와 내 일행 둘이었고 대부분 유럽에서 온 여행자들이었다. BBC 다큐멘터리 영상을 보고 이곳을 찾게 되었다고 했다. 16명의 여행자와 12명의 가이드 및 포터가 함께 길을 나섰다. 걷는데 필요한 것을 제외하고는 포터의 가방에 넣고 가볍게 떠날 수 있었다. 중간에 얕은 강을 건너야 하는 구간도 몇 군데 있어서 휴대폰 은 방수팩에 넣고 마실 물을 챙겼다. 내가 탐험을 했던 날은 아시안컵 결승전

이 있던 날이라 라디오 신호를 잡아가며 박항서 감독님이 이끄는 베트남 팀을 응원하며 걸었다. 열대 우림이라 야생 동물이나 곤충이 걱정되었는데, 겨울이라 거의 볼 수 없었고 맑은 숲과 물을 보며 산림욕을 즐길 수 있었다.

앞에서 가이드가 길잡이를 하고 여행자 2명마다 사이에 가이드가 1명씩 중간에 서서 미끄럽거나 위험한 구간은 도와주었기 때문에 생각보다 훨씬 수월한 트레킹이었다. 베이스캠프는 동굴 속이었는데 바위 더미를 넘어 동굴 속 호수를 뗏목이나 수영을 해서 건너면 모래톱에 옹기종기 텐트가 준비되어 있다. 그리고 우리보다 발 빠른 포터들이 도착해서 우리가 먹을 간식과 저녁을 준비하고 기다리고 있다. 동굴 속은 어두워서 모두 전등이 달린 헬멧을 쓰고 생활하게 된다. 그냥 걸어오기에도 힘든 거리를 우리를 위해 신선한 재료를 이고지고 정성껏 요리한 음식을 먹으니 감사했다. 맛있는 저녁을 먹고 동굴 속 호

수에서 수영하고 있으려니 태곳적 인류가 된 기분이었다.

　동굴에서 독특한 캠핑을 마치고 다음 날 아침을 먹고 본격 동굴 탐험에 나섰다. 캠프사이트 안쪽으로 들어가면 다양한 석회암 지형의 특징을 관찰할 수 있다. 기암괴석, 종유석과 석순, 화석을 바로 눈앞에서 볼 수 있다. 높이가 100m, 너비가 180m에 달하는 크기의 동굴 입구를 마주하면 오느라 고생한 것은 저절로 잊고 자연 앞에 우리가 얼마나 조그마한 존재인가 눈으로 깨닫게 된다. 동허이는 베트남에서 본 가장 멋진 풍경을 만난 도시이다.

베트남 열한 도시 이야기 5 : 후에(Hue)

베트남에 살면서도 베트남의 역사에 대해서는 크게 관심이 없었다. 후에(Hue)에 가기 전까지는. 궁금하지도 않았고 한 번도 알아보려 하지 않았다. 사실 처음 후에에 관심이 갔던 계기는 우연히 베트남 중부 지역 음식 체인점인 '넷 후에(Net Hue)'라는 곳에 갔는데 거기서 먹은 음식이 하나같이 내 스타일이었다.

북부 지역에서 많이 먹는 퍼 보(Pho Bo)나 분짜(Bun Cha)도 물론 맛있지만 고기가 위주인 음식이 많아서 매 끼니 먹기에는 좀 부담스럽다. 그런데 후에 음식은 매 끼니 먹어도 부담 없을 만큼 종류도 다양하고 채식 위주의 음식도 많아서 중부 지역의 음식에 흥미가 생겼다. '체인점이 이렇게나 맛있는데 후에에 가서 먹으면 대체 얼마나 더 맛있을까? 가서 중부 지역 음식을 모조리 섭렵하고 와야겠다.'라며 야심 차게 후에로 떠났다.

후에의 요리가 이렇게 발달하게 된 것에는 역사적 배경이 있었다. 베트남의 옛 수도였던 후에는 궁중요리, 대중 요리가 고루 발전했다고 한다. 그리고 베트남의 중심에 있는 지리적 이점으로 북부와 남부의 다양한 식재료와 향신료를 많이 사용하는 후에의 조리법이 만나 더욱 다채로운 요리를 탄생시키게 된

것이다. 후에의 음식은 종류가 많아서 얼핏 비슷한 듯하면서도 저마다의 식감
과 맛이 살아있다.

쌀가루를 찐 다음 그 위에 새우 가루를 얹은 반베오(Banh Beo)는 고소함과
부드러움이 있고, 동그랗고 통통한 쌀국수와 돼지의 다양한 부위를 끓여낸 국
물을 부어 만든 분보후에(Bun Bo Hue)는 얼큰하면서 쫄깃하다. 분팃느엉(But
Thit Nuong)은 구운 고기, 채소, 쌀국수가 새콤달콤한 소스와 어우러져 아삭아
삭한 식감이 좋고, 다진 돼지고기를 레몬그라스 줄기에 감싸 구워낸 것을 쌀
종이에 그린 파파야, 오이, 허브와 함께 싸서 먹는 넴루이(Nem Lui)는 향긋한
맛이 일품이다. 그 외에도 우리나라 재첩과 비슷한 민물조개를 끓여 밥 위에
얹은 껌헨(Com Hen)이나 달걀과 쌀가루로 부친 전에 숙주나 새우, 야채 등을
넣은 바삭바삭한 반콰이(Banh Khoai)도 후에서 먹을 수 있는 별미이다.

맛있는 중부 음식을 먹고 나면 옛 황궁을 거닐 수 있다. 1802년부터 1945년
까지 150년 이상 응우옌(Nguyen) 왕조의 황궁이었다. 두텁고 높은 성벽으로 둘
러싸여 겉에서 볼 때는 요새처럼 되어 있고 성벽 주변은 해자가 감싸고 있다.
이런 요새 같은 구조를 '시타델(Citadel)'이라고 부른다고 한다. 황궁은 중국의
'자금성'을 본 따 만들었고 내부 건물의 이름도 자금성으로 불린다. 1993년에

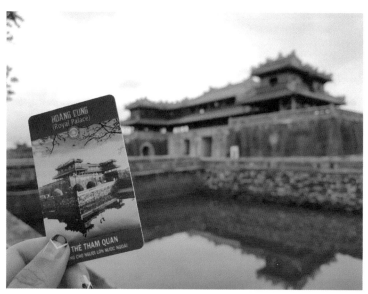

유네스코 세계문화유산으로 지정되었을 만큼 역사적 가치를 지닌 건물이다. 성벽의 가로와 세로가 각각 2km이고 전각을 하나하나 살펴보다 보면 반나절이 훌쩍 흐른다. 13대의 왕의 역사가 담긴 공간을 뒤로하고 잔잔한 흐엉(Huong) 강변을 산책하면서 둘째 날은 황릉에 가보기로 했다.

시내에서 황릉까지는 거리가 있어 택시를 빌려 민망(Minh Mang) 황제, 뜨득(Tu Duc) 황제, 카이딘(Khai Din) 황제, 이렇게 세 황제의 능을 가보았다. 강력한 황권을 자랑했던 제2대 민망황릉은 규모가 가장 웅장했다. 인공 호수와 다리를 건너 조용한 곳에 있는 사원은 황제가 영원한 안식을 가질 수 있는 완벽한 장소였다. 그에 반해 제12대 카이딘 황릉은 화려함의 극치를 보여준다. 건축에 관심이 많아 자신이 직접 황릉 설계에 참여했다고 하는데 유럽, 아시아, 현대 건축 양식이 모두 사용되어 독특하고 황릉이라기보다는 황궁 같은 느낌이다. 살아있는 동안 자신의 화려한 무덤을 만드는 것에 열중하는 황제를 상상하면 백성들에게 썩 좋은 황제는 아니었을 것 같다는 생각이 들었다.

맛있는 거 먹으러 갔다가 베트남의 역사도 공부하는 유익한 여행이었다. 베트남 음식의 진수를 맛보고 싶다면 꼭 후에를 가보기를 추천한다.

베트남 열한 도시 이야기 6 : 다낭(Da Nang)

    베트남 다섯 개의 직할시(하노이, 호찌민, 하이퐁, 껀터, 다낭) 중 하나인 다낭(Da Nang)은 '큰 강의 입구'라는 뜻이 있는 바닷가 항구 도시이다. 20km에 달하는 넓고 긴 미케(My Khe) 해변을 따라 이름만 들어도 다들 알 만한 유명한 리조트들이 자리 잡고 있다. 최근 포브스지에 세계 6대 해변에 선정되었다는데 규모만 보자면 그럴 수 있을 것 같다. 다낭의 바다는 사실 맑고 투명한 바다와는 조금 거리가 있다. 우리가 흔히 생각하는 에메랄드빛 바다에 하얀 모래를 상상하고 다낭을 찾는다면 실망하게 될 것이다. 나는 그냥 바닷바람을 쐬는 것을 좋아해서 동남아 느낌 물씬 나는 야자수 아래에 비치타월 펴고 누워서 파도치는 것도 한참 바라보고 걸어도 걸어도 끝이 보이지 않는 해변을 즐길 수 있어서 좋았다.

다낭에는 바다뿐만 아니라 바나(Ba Na)산 국립공원도 있다. 프랑스 식민지 시절 해발 고도 1500m의 높이에 휴양지를 조성했다. 마치 프랑스의 작은 마을 하나를 통째로 옮겨놓은 것 같은 바나힐 테마파크가 있다. 이 산꼭대기의 테마파크에 가려면 당연히 걸어서는 힘들고 5.8km의 세계에서 두 번째로 긴 케이블카를 타야 한다. 안개인지 구름인지에 둘러싸여 몽환적인 바나산을 바라보며 올라가는 시간은 거의 30분이 소요된다. 대부분 놀이공원이 그러하듯 바나힐도 열리는 시간에 사람이 아주 많다. 당일치기로 다녀가는 사람들이 많고 케이블카 시간이 정해져 있어서 일정 시간이 되면 관광객이 빠져나간다. 여유롭게 즐기고 싶다면 낮에 올라가서 바나힐 안에 있는 호텔에 묵으면서 시원하고 한적한 바나힐을 즐기고 다음 날 아침 오픈 시간에 케이블카를 타고 올라오는 사람들이 입장하기 전 놀이기구를 타는 방법이 있다.

바나힐에서 가장 인기 있는 놀이기구인 모노레일은 손으로 조절하며 타는데 자칫 저 멀리 산으로 튕겨 나가지는 않을까, 조금 불안하지만 재미있어서 2번 연속으로 탔다. 놀이기구는 유명한 놀이동산의 것보다 못하지만 동남아에

서 이런 시원한 공기를 느낄 수 있다는 것에 감사하게 된다. 전망대에서 바나 산을 감상할 수도 있는데 굽이굽이 펼쳐진 산과 산에 살포시 얹혀 있는 구름이 한 폭의 그림 같다.

베트남에서 처음 기차를 탔던 곳이 다낭이었다. 택시 금액이 저렴한 편이라 많은 여행자가 택시를 이용하는데 근교는 기차를 한번 타보는 것도 좋을 것 같아서 후에로 이동하는 길에 기차를 이용했다. 산을 넘어서 가는 길이라 느긋한 기차 속도가 마음에 들었다. 오른편 창가에는 바다가 펼쳐지는데 그 길에 보물 찾기처럼 발견한 랑코(Lang Co) 지역도 다음번에 다낭에 가게 된다면 꼭 다시 가고 싶은 곳이다.

바다와 산을 모두 볼 수 있는 다낭은 언제든 부담 없이 다시 찾을 수 있는 도시이다. 공항에서 도심이 가까워서 도착하자마자 일정이 가능한 점도 장점이다. 혼자 가도 좋고, 친구와 함께여도 좋고, 가족과 함께여도 좋은 도시이다. 머지않은 시일 내에 다시 다낭을 찾게 될 날을 기대해 본다.

베트남 열한 도시 이야기 7 : 호이안(Hoi An)

다낭을 찾는 여행자들이 당일치기로 다녀가는 작은 도시 호이안(Hoi An)은 베트남에서 내가 두 번째로 좋아하는 도시이다. 세계문화유산이나 고대 유적, 역사 등에 관심이 많다면 당일치기로 스쳐 가기에는 아까운 곳이다. 호이안은 옛날 베트남의 모습은 어땠을까 상상하게 하는 도시이다. 전통 의상인 '아오자이(Ao Dai)'가 가장 잘 어울리는 도시이기도 하다.

1999년 세계문화유산으로 지정되고 옛 항구의 모습을 그대로 간직하고 있어 내가 상상하던 그림 같은 풍경의 평화로운 베트남을 만날 수 있다. 홈스테이를 운영하는 가정집들이 많아서 홈스테이에 머무르며 자전거를 빌려 마을과 바닷가를 잇는 논두렁과 밭두렁을 오가는 것도 호이안에서만 느낄 수 있는 정취이다. 내가 처음 묵었던 홈스테이는 삼대가 함께 사는 집이었는데 아침에 1층으로 내려가면 할머니께서 맛있는 아침을 차려 주시고 젊은 부부가 어린아이를 돌보며 홈스테이를 운영하는 곳이었다. 시골 친구네에 놀러 온 느낌으로 머무르는 곳이라 익숙하면서 편안했다.

자전거를 타고 동쪽을 향해 천천히 30분 정도 달리면 다낭의 긴 미케(My Khe) 해변만큼 규모가 크지는 않지만, 안방(An Bang), 끄어자이(Cua Dai) 두 개

의 해변을 만나게 된다. 처음 호이안에 갔을 때 끄어자이 해변 쪽은 파라솔이 나 썬베드도 없고 자연 그대로의 모습이었는데 다낭을 찾는 여행자들이 늘어 나면서 호이안 쪽 해변도 관광지 느낌이 나는 곳으로 점차 바뀌었다. 해변에서 즐기는 수상스포츠도 늘어나고 예전만큼 한적한 해변의 모습은 아니었다.

호이안의 옛 거리는 세계문화유산으로 지정되어 있어 언제 가도 베트남 전통 가옥이 늘어선 곳에 옛 모습 그대로의 상점들이 자리 잡고 있다. 낮의 모습도 아름답지만, 호이안의 진풍경은 밤이라고 생각한다. 보름이면 투본(Thu Bon)강을 따라 종이 등불을 띄우는 행사가 열리고 색색의 전통 등불이 거리마다 불을 밝히면 거리의 풍경은 더욱 아름답게 변한다.

호이안에서 옛 거리가 전부라고 생각했는데 세계문화유산이 한 곳 더 있었다. 투본강 선착장에서 배를 타고 1시간 정도 가면 '아름다운 산'이라는 뜻의 미선(My Son) 유적지에 닿게 된다. 국교가 힌두교였던 참파 왕국의 유적지이다. 불교와 유교 문화권인 베트남에서 보기 드문 힌두교 유적이다. 4세기에서 14세기에 걸쳐 만들어진 이 유적을 통해 참파 왕국이 동남아시아의 정치적, 문화적 역사에서 중요한 위치를 차지했었다는 것을 알 수 있고 인도 대륙의 힌두교 건축이 동남아시아에 들어오면서 문화적인 교류가 있었다는 것도 알 수 있는 중요한 장소라고 한다. 현재 복원이 이루어지지 않고 계획 중에 있어서 유적지라기보다는 폐허 같은 느낌이 커서 더 신비로운 느낌이었다.

앙코르와트처럼 정글 속에서 오랜 시간 묻혀있다가 유럽인에게 우연히 발견된 유적으로 조각들이 훼손된 느낌이 앙코르와트와 흡사했다. 벽돌을 접착제 없이 짜 맞추는 기술로 지은 사원인데 현대의 기술로는 똑같이 복원할 수 없다고 한다. 베트남 전쟁 당시에 폭격으로 인해 훼손된 부분도 많아 안타까웠다. 최근에 입장료 가격도 많이 올리고 복원을 준비 중이라고 하니 고증과 복원에 힘써 옛 모습을 되찾았으면 좋겠다.

베트남 열한 도시 이야기 8 : 달랏(DaLat)

베트남에 간 지 7개월 만에 처음으로 떠났던 곳은 달랏(DaLat)이라는 도시이다. 해발 고도 1,500m가 넘는 럼비엔(Lam Vien) 고원에 위치해서 1년 내내 기온이 20도에서 왔다 갔다 한다. 프랑스 식민지 때부터 리조트 단지가 형성되었고 현재 베트남 사람들에게도 관광지로 인기 있는 곳이다. 신혼여행지로 1위인 곳이라고 한다.

내가 베트남에서 첫 여행지를 달랏으로 정했던 이유는 기후였다. 덥고 습하고 답답한 공기에서 잠시나마 탈출하고 싶었다. 에어컨 없이도 시원한 공기를 마시러 달랏으로 떠났다. 달랏의 첫인상은 '꽃의 도시'였다. 눈길이 닿는 모든 곳이 꽃으로 가득했다. 산에는 소나무가 가득했다. 아침에는 안개가 잘 피는데 안갯속 소나무 숲을 산책하면 이곳이 베트남이라는 것을 잊게 한다. 달랏에 오기 전에 달랏에 대해 아는 것이라고는 내가 좋아하는 우유, 와인의 산지라는 것뿐이었다. 달랏에 와보니 왜 그 우유와 와인이 유달리 맛이 좋았는지 알게 되었다. 같은 쌀국수여도 달랏에서 먹은 것은 달랐다. 채소나 과일의 신선함이 다르고 기후가 주는 산뜻함이 달라서가 아닐까 한다.

겉으로 보면 한없이 평온한 이 도시에 세계 각지의 젊은이들이 많이 보인다.

그 이유는 달랏에서 놓칠 수 없는 익스트림 스포츠가 하나 있기 때문이다. 세계 3대 캐녀닝(canyoning)의 성지로 꼽히는 이곳에서 캐녀닝을 즐기기 위해서이다. 캐녀닝은 계곡에서 하이킹, 레펠, 다이빙, 수영을 즐기는 종합 스포츠이다. 높은 곳에 대한 두려움은 없어서 열기구를 타거나 스카이다이빙은 해 보았지만 캐녀닝은 처음이라 나도 달랏에서 캐녀닝에 도전했다. 지상 훈련에서 자세가 좋다고 칭찬을 받았는데 폭포수가 쏟아지는 25m 높이의 폭포에서 레펠을 하는 것은 지상 훈련과는 완전히 달랐다. 바닥이 이끼로 미끄럽고 폭포수가 생각보다 더 세서 발을 디뎌야 할 곳이 잘 보이지 않아 실수했다가는 물에 휩쓸려 바위에 내동댕이쳐질 수도 있다. 11m 높이의 절벽에서 점프하는 것도 수영장에서 점프하는 것과 달리 저 멀리 뛰지 않으면 발밑의 바위에 그대로 꽂힐 것 같은 기분이 든다. 생존에만 오롯이 집중해 본 것이 얼마 만인가 싶은 체험이었다. 사진에서는 신나서 웃고 있는데 웃는 게 진짜 웃는 게 아니다. 이렇게 정신 놓고 실수하면 죽을 수도 있는 스포츠는 한번 체험으로 족하다는 생각이 들었다. 베트남에 사는 3년

동안 달랏에 네 번 갔지만 캐녀닝은 맨 처음 갔을 때 딱 1번이었다.

달랏을 갈 때마다 머무는 '보통'이라는 뜻의 게스트하우스를 운영하는 사장님은 나와 동갑인데 아침에 커피를 나눠 마시면서 '소소한 행복'을 이야기하다 친해졌다. 달랏을 찾는 여행자가 주로 가는 '크레이지 하우스', '기차역', '성당', '야시장', '황제 별장' 같은 관광지에서는 거리가 제법 떨어진 한적한 지역에 있는 숙소이다. 게스트하우스 이름처럼 화려하진 않지만 편안한 분위기에 아무 생각 없이 쉬고 싶어질 때면 찾았던 곳이다. 같이 베트남 음식, 한국 음식도 만들어 먹고 건물 꼭대기 층에서 달랏의 야경을 보며 차도 마시고 노래도 부르며 달랏에 사는 사람이 바라보는 달랏의 모습을 보여주었다. 나도 달랏에 살면 '보통의 행복'을 더욱 감사하게 될 것 같은 그런 공간이었다. 만약 나에게 다시 베트남에 머물 기회가 생긴다면 달랏에서 살고 싶다.

누군가는 달랏을 신혼여행지로, 누군가는 캐녀닝의 성지로, 누군가는 휴식의 공간으로 추억할 것이다. 나에게는 지친 타국 생활에 위로가 되었던 도시로 남을 것이다.

베트남 열한 도시 이야기 9 : 무이네(Mui Ne)

베트남에서 다양한 체험을 할 수 있어 젊은이들에게 가장 주목받는 도시 무이네(MuiNe), 익히 들어가 보고 싶었던 도시인데 베트남 생활 3년을 마치고 돌아가기 직전에야 갈 수 있었다. 무이네는 냐짱과 호찌민 사이의 판티엣시에 있는 작은 마을이다. 하노이에서 무이네로 가려면 공항이 있는 냐짱이나 호찌민으로 간 후에 다시 슬리핑 버스를 타고 6시간 이상을 가야 한다. 왕복 16시간이라는 이동시간은 무이네로 가고 싶은 마음을 주춤하게 했다. 하늘길 개발이 빠르게 진행되고 있는 베트남에서 곧 무이네에도 공항이 생긴다는 소식을 듣고 빨리 비행기 타고 가고 싶다는 희망으로 기다렸는데 베트남을 떠날 때까지도 감감무소식이었다.

베트남을 떠나기 2주 전, 마지막으로 베트남의 모습을 담기 위해 여행을 떠날 때 무이네를 꼭 가기로 계획을 세웠다. 작은 마을이니까 이틀 정도면 충분하겠지 했는데 작지만, 매력이 가득한 무이네에 푹 빠졌다. 무이네를 찾는 여행자는 하루 정도 지프 투어를 예약하여 마을의 관광지를 돌게 된다. 오토바이를 빌려서 직접 돌아볼까도 생각했는데 길이 어두운 새벽 4시에 위험할 것 같아 지프 투어로 가기로 했다.

  흰 모래 사구, 붉은 모래 사구, 요정의 샘, 피싱 빌리지가 일반적인 지프 투어 일정으로 4~5시간 정도 소요된다. 숙소에서 아직 어스름해지지도 않은 이른 새벽에 출발하여 지프를 타고 20~30분을 달리면 흰 모래 사구에 도착하게 된다. 입구에서 다시 작은 지프가 사구 언덕까지 데려다주겠다며 여행자들을 모은다. 걸어서 갈 수 있는 거리지만 어둡기도 하고 언덕까지 가는 동안 해가 뜨면 일출을 놓칠 수도 있으니 어쩔 수 없이 지프를 타야 한다. 시간이 금인 여행자를 이용한다는 느낌을 받았는데 1~2분 모래 언덕을 올라가는 가격이 지프 투어 전체 가격과 맞먹는 바가지요금이다. 지프 덕분에 편안하게 모래 언덕에 도착해서 넓게 펼쳐진 사구를 바라보며 일출을 기다릴 수 있었다. 부드럽고 서늘한 모래 촉감을 느끼면서 독특한 경관을 감상하다 보니 컴컴하기만 했던 하늘이 서서히 밝아지고 순식간에 해가 떠올랐다. 다시 돌아올 것을 생각하여 올라올 때 탔던 지프를 잘 봐두어야 했는데 다시 지프를 타야 한다는 것을 예상하지 못했고, 어두워서 제대로 보지 못했던 상황이라 당황해서 찾을 수가 없었다. 눈치껏

긴가민가하며 타고 내려왔다. 흰 모래 사구에 비해 붉은 모래 사구는 규모가 작고 언덕이라고 하기에는 평탄한 느낌이었는데 모래 썰매를 빌려주고 있었다.

호주의 란셀린에서 모래 썰매 타다가 휴대폰을 잃어버린 안 좋은 추억이 떠올라서 모래 썰매는 생략하고 그냥 걸어보기로 했다. 발이 푹푹 빠지고 더운

날이라 조금 걷다가 이내 지프로 돌아왔다. 요정의 샘이 지프 투어 일정 중 가장 신기했던 곳이다. '샘'이라기에 물이 퐁퐁 솟아나는 옹달샘을 상상했는데 영어로 Fairy stream으로 요정의 '시냇물'이었다. 좌우로 붉은 협곡이 있고 바닥에는 고운 모래가 깔려있는데 그 위로 잘박잘박하게 물이 졸졸 흐른다. 어떻게 이런 지형이 형성되었는지 신기해하며 시냇물 위로 걸어 들어가게 된다. 물의 깊이가 신발 굽 정도여서 발이 잠기지 않는다. 신발을 벗고 맨발로 걸어도 좋다. 낭만적인 이름이 어울리는 장소였다.

중간에는 이정표가 없으므로 시간을 생각해서 적당히 걷다가 들어갔던 길로 다시 걸어나가야 한다. 지프 투어의 마지막에는 피싱 빌리지에 들르게 되는데 바가지 모양의 전통 배가 가득 떠 있는 해안에서 잡은 해산물도 팔고 풍경

도 구경할 수 있는 곳이다.

　투어를 마치고 숙소 앞의 해변에 누워 카이트 서핑을 구경했다. 다소 세게 느껴지는 바닷바람과 균일한 파도를 보니 서핑을 할 줄 모르는 나지만 서핑하기 좋은 환경이라는 생각이 들었다. 숙소 바로 옆이 서핑강습소여서 지상에서 훈련하는 사람들을 볼 수 있었는데 일반 서핑과는 다르게 지상에서 먼저 연을 다루는 연습을 했다. 흥미가 생겨서 배우는 데 얼마나 걸리는지 물어보니 능숙하게 타고 싶으면 최소 1주일 정도는 연습해야 한다고 했다. 서핑보드를 타고 열심히 팔을 저어 바다로 나가서 파도를 타는 일반 서핑과는 다르게 카이트 서핑은 연의 각도를 이용하여 해변에서부터 빠르게 바다를 향해 쭉 나아갔다가 다시 방향을 바꾸어 해변 쪽으로 왔다 갔다 반복하는 것이 굉장히 흥미로웠다.

무이네에 일찍 왔더라면 카이트 서핑을 배우러 다시 왔을 것이다. 베트남을 떠나기 직전에 무이네에 온 것이 아쉬운 순간이었다. 꼭 서핑이 아니어도 한적한 바닷가 마을이라 조용히 쉬어가기에도 안성맞춤인 곳이다. 공항이 빨리 생겼으면 했는데 무이네에 오니 공항이 생기지 말았으면 하는 마음도 들었다. 공항이 생기는 순간, 이 여유롭고 한적한 분위기는 순식간에 사라질 마을이다.

여행하다 보면 나만 알고 싶은 곳, 이대로 보존되었으면 하는 욕심이 드는 곳이 있는데 무이네가 그랬다. 언제 다시 찾을 수 있을지 모르지만, 베트남에 다시 오게 된다면 무이네에서 2주 정도 머무르면서 카이트 서핑도 배우고 조용한 마을의 정취를 다시 느껴보고 싶다.

베트남 열한 도시 이야기 10 : 호찌민(HoChiMinh)

현재 베트남의 수도는 하노이지만 실질적으로 베트남에서 가장 크고 번화한 도시는 호찌민이다. 베트남에서 한국 교민이 가장 많이 사는 곳이기도 하고 호찌민 공항이 베트남에서 국제노선이 가장 많은 곳이라 국제적인 교류도 가장 많은 곳이다.

처음 호찌민을 갔던 것은 호찌민 한국국제학교에서 연수가 있어서 1주일간 머물게 되었을 때이다. 한국보다 직접 연수를 받을 기회가 적은 동남아시아에 있는 재외한국학교 선생님들을 대상으로 교육부에서 매년 연수를 하는데 가까운 호찌민에서 하게 되어 참석하게 되었다. 수도에서 왔는데 호찌민에 오니 진짜 도시에 온 느낌이었다. 이제 개발을 시작한 하노이는 도심 곳곳이 공사 중인데 호찌민은 이미 높은 빌딩이나 큰 도로가 기본적으로 건설이 되어서 하노이보다 정돈된 느낌이다.

우리나라를 '대한민국'인데 영어로는 'KOREA'라고 하는 것처럼 호찌민 역시 영어로는 'Saigon'이라는 이름을 가지고 있다. 호찌민이라는 도시 이름은 베트남의 통일에 큰 역할을 했고, 베트남의 제1대 국가주석이자 현대 베트남의 국부로 베트남 국민에게 존경받는 인물인 호찌민의 이름을 따서 바뀐 것이다. 공항코

드도 SGN을 사용하고 있고 유명한 맥주 이름도 BIA SAIGON일 정도로 일상에서는 사이공이라는 이름을 두루 사용하고 있다. 아무래도 존경하는 인물의 이름을 마구 부르기에는 부담스러워서 그런 게 아닐까 추측해 본다.

호찌민은 하노이와는 다르게 1군에서 12군으로 행정구역을 나누고 있는데 호찌민을 방문하는 사람이면 대부분 1군을 가게 된다. 가장 번화한 곳이고 대부분의 관광지가 1군에 있기 때문이다. 프랑스 식민지 시절의 프랑스에 의해 계획된 도시라 전통적인 건물보다는 프랑스식 건축물을 주로 볼 수 있다. 한국 사람들이 많이 사는 푸미흥이라는 지역은 3군이다. 좋은 아파트나 주택이 자리하고 있고 비교적 조용한 편이며 동네가 깔끔하다. 하노이의 한국 교민은 미딩, 쭝화, 스플렌도라, 로얄시티 등 여러 곳에 흩어져서 거주하고 있는데 호찌민은 대부분이 한 곳에 모여 있어 더 코리아타운 같은 느낌이 강했다. 호찌민 한국국제학교는 7군에 있는데 이곳은 외국인이 많이 거주하고 있고 다른 국제학교도 이곳에 많이 자리 잡고 있다. 2군이나 5군도 여행자의 흥미를 끌 만한 맛집이 많아서 호찌민시를 오게 되면 가볼 만한 지역이다.

하노이나 호찌민의 한국국제학교 규모가 비슷하여 많은 선생님이 둘 중 한 곳을 고민한다고 들었다. 다시 나에게 하노이와 호찌민 중 한 곳에서 살 수 있는 선택권이 주어진다면 두 곳 중에서는 호찌민을 선택할 것 같다. 가장 큰 이유는 기후이다. 하노이의 기후는 여름에는 덥고 습한 기후인데 40도가 넘으면 내리는 폭염 경보가 자주 내릴 정도로 매우 덥다. 겨울에는 생각보다 쌀쌀하고 햇빛을 보기 힘들며 난방기구가 필요하다. 그에 반해 호찌민은 연중 기후가 거의 일정하고 바닷가 지역이라 바람도 선선하게 불어서 덥지만 쾌적한 기후이다. 물가는 하노이보다 호찌민이 약간 높은 편인데 주거 비용은 1~2인 가구가 거주할 집을 구하는 조건에서는 호찌민이 조금 더 저렴한 편이다.

식문화도 차이가 있다. 바닷가인 호찌민은 해산물을 이용한 요리가 많은데 하노이는 육고기 위주이다. 다른 도시로 가는 교통편도 호찌민이 훨씬 더 많고 편리하다는 점도 장점이 되겠다. 하노이에서 이미 3년을 살았기 때문에 장단점을 뚜렷하게 알고 있어서 살아보지 않은 도시에 대한 동경일 수도 있을 것이다. 베트남의 경제 수도답게 방문할 때마다 눈에 띄게 도시가 빠르게 성장해 가는 모습이 인상 깊은 도시이다.

베트남 열한 도시 이야기 11 : 푸꾸옥(Phu Quoc)

부모님이 베트남에 오면 꼭 함께 가고 싶었던 도시가 바로 푸꾸옥(Phu Quoc)이다. 푸꾸옥은 베트남의 제주도로 불릴 정도로 풍경이 아름다운 섬이다. 면적이 589km²로 베트남에서 가장 큰 섬이고 베트남 정부에서도 국제적인 관광지로 발전시키고 있는 곳이다. 바다 거북이와 듀공을 볼 수 있는 곳으로도 유명하고, 섬이니만큼 맛있는 해산물 식당이 많아서 고기보다는 해산물을 좋아하는 부모님과도 잘 맞는 여행지이다.

혼자 가면 조금 심심할 것 같고 가족들과 함께 한적하고 아름다운 휴양지에서 한가로운 시간을 보내고 싶은 도시이다. 유명한 리조트들이 현재도 계속 조성되고 있어 가성비 좋은 풀 빌라에 묵을 수 있다는 것이 큰 장점이다. 아직은 리조트 조성으로 도시 곳곳이 건설 공사 중이라 공항 부근의 리조트에 머무는 것이 좋다.

한국이 가장 추운 시기에 풀 빌라를 예약하고 가족 여행을 떠났다. 바닷가에 누워서 책도 읽고 일광욕도 하며 시간을 보내니 나와 동생은 천국이 따로 없었다. 하지만 예상외로 부모님은 너무나 지루해하셨다. 시계가 없어도 2시간 시차를 칼같이 지키시며 한국 시각으로 7시에는 일어나 거실에 나와 계셨다. 전

화로 버기카를 부르면 빌라 앞까지 오는데 우리는 리조트 구석구석을 걸어 다니며 몇 바퀴를 돌았다. 아침에도 산책, 저녁에도 산책, 날씨는 따뜻하고 잔잔한 파도를 즐기며 바다 수영도 했지만 딱 하루만 좋아하셨던 것 같다. 이렇게 휴양하는 여행은 처음이라 적응이 필요했다. 이번 푸꾸옥 여행으로 부모님의 여행 취향을 확실히 알 수 있었다. 다음에는 시간 단위로 돌아가는 패키지여행 스타일로 준비해야겠다고 다짐했다.

푸꾸옥에서 가장 인상 깊었던 장소는 사오(Sao) 해변이었다. 푸꾸옥의 가장 북쪽에 있는 숨겨진 비경으로 새하얀 모래와 투명한 바닷물 사이로 붉은 수백, 아니 수천 마리의 불가사리들이 있는 곳이다. 사오 해변으로 가는 길은 해변에 가까워질수록 비포장도로라서 구글 지도를 의심하며 달려야 도착할 수 있었다. 인스타그램의 사진 한 장을 보고 '정말 이런 풍경이라고?' 반신반의하며 찾아간 곳이었는데 사진이나 영상이 눈앞의 풍경을 담아내지 못했다. 모아나(Moana)라는 애니메이션을 좋아하는데 모아나 속의 바닷속 풍경이 바로 눈 앞

에 펼쳐진 느낌이었다.

　손바닥보다 더 크고 모형같이 생긴 붉은 불가사리들이 살아있는지 만져보고 꿈틀거리는 것을 보고서야 진짜 불가사리들이라는 것을 믿을 수 있었다. 크고 작은 불가사리들과 함께 스노클링을 하고 보드라운 하얀 모래를 밟으니 사오 비치를 떠나기가 아쉬웠다. 독특하면서 아름다운 풍경을 보고 싶다면 꼭 방문해보아야 할 곳이다.

　여행 취향은 조금 엇갈렸지만 푸꾸옥은 우리 가족에게 좋은 추억으로 남은 아름다운 도시이다. 베트남을 떠나기 전에 가족들과 함께 가고 싶었던 도시를 갈 수 있어서 행복하고 소중한 추억이 남았다. 주어진 자연을 잘 보전하면서 세계적인 휴양지로 발전해 나갔으면 하는 바람이다.

대만 열한 도시 이야기 1 : 타이베이(台北)

한 나라의 정치와 행정의 중심이 되는 도시인 수도, 사실 나는 수도 포비아라고 할 정도로 수도에는 정이 잘 생기지 않는다. 한국에서도 지방 중소 도시에서 자라서 그런지 서울살이가 할 것도 많고 재미는 있지만, 온전히 '내 도시'로 받아들여지지 않았다. 여행을 가도 '역시 수도는 수도다.'라는 '수도 증후군'이 생길 정도로 훈훈한 추억보다는 호된 기억이 많다.

중국의 베이징, 네팔의 카트만두, 인도의 뉴델리, 말레이시아의 쿠알라룸푸르, 이탈리아의 로마, 스페인의 마드리드, 포르투갈의 리스본, 프랑스의 파리, 네덜란드의 암스테르담, 독일의 베를린, 체코의 프라하, 폴란드의 바르샤바, 오스트리아의 빈, 라오스의 비엔티안, 필리핀 마닐라, 뉴질랜드의 크라이스트처치 등 사진 속의 풍경은 화려하고 아름다운데 그 풍경에 담긴 나의 추억은 풍경을 뛰어넘지 못해 아쉬웠다. 그러나 대부분 국가의 국제공항이 수도에 있으므로 수도는 여행자에게 피해가기 어려운 관문이다.

많은 사람에게 부루마불에서 가장 저렴한 수도로 인식된 대만의 타이베이(台北), 하지만 역시 수도답게 대만의 다른 도시에 비해 물가와 집세가 높고 수도권에 대만 전체 인구의 3분의 1이 집중되어 있다. 20개가 넘는 대학이 밀집

해 있고 더 좋은 직장을 구하기 위해 많은 젊은이가 타이베이에 살고 있다. 우리나라 명동과 비슷한 '시먼딩(西門町)'이나 인사동과 비슷한 '송산문창원구(松山文創園區)' 같은 장소는 주말과 평일 할 것 없이 늘 관광객들로 붐빈다. 주요 도로들은 자동차로 가득하고 차가 많아서인지 다른 도시보다 오토바이 수는 적다.

　서울만큼이나 얼기설기 얽힌 지하철 노선도와 많은 이용객을 보고 있으면 '아, 내가 수도에 와 있구나!'를 온몸으로 느끼게 된다. 빌딩 숲 사이로 삐죽하게 보이는 '타이베이 101'이 아니라면 그저 어느 나라에나 있는 대도시 중 하나로 보일 뿐, 대만이라는 것이 실감 나지 않을 것이다. 대만의 다른 도시에 사는 사람들은 타이베이가 살기에 팍팍하고 사람들도 쌀쌀맞다고 한다. 우리가 보통 생각하는 대도시의 그것이다.

　도심은 이렇게 여느 나라의 수도와 비슷한 모습이지만 타이베이를 둘러싼 자연환경만큼은 좋다. 타이베이의 북쪽으로 가면 양명산이라는 산이 있다. 등산로도 잘 꾸며져 있고 시기마다 피는 꽃이나 볼거리가 달라 타이베이 시민들의 휴식처가 되는 공간이다. 양명산의 끝자락에는 베이터우(北投) 온천 지역이 있다. 유황 향기를 맡으며 노천 온천에서 너무 뜨거워 발끝만 담갔다 빼는 나

에게 푹 들어와서 손을 꺼내면 시원하다고 설명해주시는 정 많은 현지 어르신들과 함께 담소를 나눌 수 있다. 베이터우에서 서쪽으로 가면 영화 '말할 수 없는 비밀'의 촬영지인 단쉐이(淡水) 구로 이어진다. 강과 바다가 만나는 곳에서 해 질 녘 노을 지는 풍경을 보면 왜 이곳이 첫사랑의 추억을 담은 영화의 배경이 되었는지 알 수 있다. 땅거미가 내릴 무렵, 도시의 동쪽에 있는 샹산(象山)에 올라 반짝이는 타이베이 시내의 야경을 보고 있으면 중심가의 정신없던 모습은 어느새 잊고 도시가 조금씩 사랑스러워진다.

어쩌면 호텔 로비에 카메라를 두고 나왔는데 한참 뒤에 알아차리고 전화했는데 계속 그 자리에 카메라가 있을 때부터, 사범대학교 운동장을 산책하며 두리번거리는 나를 길을 잃어버린 외국인인 줄 알고 이곳저곳 안내해 주시고 저녁 먹었냐고 물어보시고는 샤오롱바오(小籠包) 한 접시를 사주시던 할머니를 만났을 때부터 타이베이에 대한 경계심은 사라지고 있었는지도 모르겠다.

지금도 되도록 수도는 안 가도 괜찮다는 생각을 하고 있지만, 타이베이는 애정이 간다. 갈 때마다 새롭고 더 알고 싶어진다. 타이베이에서 영영 불치병일 줄 알았던 '수도 증후군'을 고칠 희망을 발견했다.

대만 열한 도시 이야기 2 : 타이중(台中)

대북(타이베이-台北), 대중(타이중-台中), 대남(타이난-台南), 이름만 들어도 도시가 어디에 있을지 유추가 되는 이름이다. 대만의 중심에 있는 타이중은 서쪽으로는 바다, 동쪽으로는 산지가 있고, 그 사이에 도시가 안겨 있다. 도시에서 조금만 벗어나도 살아있는 자연을 만날 수 있는 곳이기에 타이중을 방문하는 사람들은 노을 맛집으로 유명한 '고미습지(高美濕地)'와 국립공원 속 해발 고도가 3,000m가 넘는 '무릉농장(武陵農場)'을 찾기도 한다. 외곽을 보느라 정작 도시는 하루만 살펴보는 사람들도 많은데 예술과 문화가 발달한 타이중의 도심도 자연과 또 다른 매력이 있다.

타이중에 처음 갔을 때, 한창 건축물에 관심이 많을 때라 '국가가극원(國家歌劇院)' 가이드 투어를 신청해서 1시간 동안 살펴볼 기회가 있었다. 건축계의 노벨상이라는 '프리츠커상'을 수상한 일본인 건축가 '이토 도요'가 설계했고 '세계에서 가장 짓기 어려운 건물'이라는 말을 듣는 건물이라 흥미가 돋았다. 사진으로 봤을 때는 약간 올록볼록해 보이기는 해도 그렇게까지 짓기가 어려워 보이지 않아서 더 궁금해졌다. 처음 설계도가 공개되었을 때 많은 사람이 이 건물은 지을 수 없다고 했고 건축가는 가능하다는 것을 증명하기 위해서 설

계도 위에 있는 가장 어려운 부분을 먼저 지어 보인 후에 건축을 시작할 수 있었다고 한다.

겉으로는 단순한 상자 모양처럼 보이지만 설계도와 실제 건물을 보면 끝없이 이어지는 공간의 흐름을 느낄 수 있다. 술병 무늬와 대공연장의 와인 빛이 '술에 취하듯 예술에 취한다'라는 의미를 담고 있고, 빨강, 파랑, 검정 색상을 통해 3개의 공연장이 시각적으로 구분되고, 가극원 안을 흐르는 물과 공중화원, 무대와 관중, 실내와 실외의 이원적인 개념을 깨는 구체적인 설명을 들으며 건물을 살펴보니 정말 아는 만큼 보인다는 것을 실감할 수 있었다. 바르셀로나에 갔을 때 '구엘 공원'에 가서 받았던 것과 비슷한 느낌이었다.

타이중에서 가장 아름다운 길로 소개하는 초오도(草悟道)는 국립자연과학박물관과 국립미술관을 이어주는 길인데 길이가 3.6km에 달한다. 단순한 길이 아니라 한가운데는 녹지가 조성되어 있고 양옆은 자전거 도로와 산책로가 조성되어 있다. 녹지 공간에는 다양한 예술 작품이 전시되어 있고 쉬어갈 수 있는 의자나 정자가 곳곳에 있어 도심 속 휴식 공간의 역할을 하고 있다. 주말에는 주말 마켓도 열리고 시민들이 아이들을 데리고 나와 야외활동을 하거나 거북이, 앵무새, 이구아나 등 다양한 애완동물을 데리고 산책하는 공간이다. 도심 한가운데에 이런 넓은 길과 공원이 조성된 것이 인상 깊었다. 저절로 걷고 싶어지는 거리이기 때문에 대부분 대중교통을 이용해서 찾게 되고 사람이 꽤 많은데도 전혀 복잡하거나 답답한 느낌이 들지 않았다.

타이중에 있는 동안 내내 윈스턴 처칠의 '사람은 도시를 만들고 도시는 사람을 만든다.'라는 말이 떠올랐다. 타이중이란 도시는 활기차고 행복한 사람을 만드는 도시였다. 어떤 도시에서 살아야 하나 고민이 많아지는 시기이다. 한 곳에 정착해야만 한다는 생각은 없지만 내가 더 행복해질 수 있는 곳에서 살고 싶다는 의지는 점점 강해진다. 공간을 인식하면 인식할수록 나를 둘러싼 환경을 더 신경 쓰게 된다. 타이중처럼 있으면 점점 더 머물고 싶어지는 도시에서 살고 싶다.

대만 열한 도시 이야기 3 : 장화(彰化)

　　대만은 유독 청춘 드라마나 청춘 영화가 인기가 많다. 한국에서도 흥행에 성공했던 '말할 수 없는 비밀(不能說的秘密)', '나의 소녀시대(我的少女時代)', '그 시절, 우리가 사랑했던 소녀(那一年, 我們一起追的女孩)' 등을 보면 학창 시절의 아무 걱정 없이 순수했던 추억을 회상하게 된다. 영화의 흥행에 힘입어 영

화 촬영지도 관광지로 많은 사람이 찾게 되었다. 그중 '그 시절, 우리가 사랑했던 소녀'의 촬영지로 유명해진 장화(彰化)는 옛 도시의 모습을 그대로 간직하고 있어 영화 속에 들어온 느낌이 들 정도이다. 따로 영화 세트장을 만들지 않아도 장화 시내의 모습이 20~30년 전의 풍경과 큰 차이가 없고 골목마다 100년이 넘게 한 곳을 지키는 가게들을 쉽게 찾을 수 있다.

그중에서도 루강(鹿港)은 특히 300년 전 청나라 때 도시의 흔적을 지니고 있어 관광객으로 붐비는 곳이다. 루강의 건물 양식은 중국의 복건성(福建省)의 것으로 붉은 벽돌, 기와지붕, 나무로 만든 문과 창문인데 현재는 명승고적 보호구역으로 지정되어 있다. 특징이 뚜렷한 건물들로 가득한 역사드라마 세트장 같은 루강은 항구가 있어 청나라 때부터 중국 대륙과의 교역이 활발해 상업의 중심지였기에 당시 대만에서 두 번째로 큰 도시가 될 만큼 번성했었다고 한다. 화려하지도 웅장하지도 않지만, 옛 정취를 찾아온 사람들에게 그 시절 그대로의 모습으로 기다리고 있다.

옛 거리의 주택과 상점도 독특하고 이름의 유래를 설명하며 사람들을 찾게 하는 골목들도 있다. 아홉 번 구부러진 골목이라는 뜻의 '구곡항(九曲巷)'은 바다와 가까운 마을에서 바람의 피해를 막기 위해 골목을 일부러 더 구불구불하게 했고 귀신은 앞으로만 갈 수 있다는 생각에 구불구불한 길로 귀신이 쫓아올 수 없도록 했다고 한다. 가슴을 만지는 골목이라는 뜻의 '모유항(摸乳巷)'은 화재 대피용 골목인데 골목의 너비가 너무 좁아 이런 이름이 붙었다고 한다. 재미난 유래를 알아가며 붉은 벽돌길을 따라 걷다 보면 자꾸만 방향을 잃게 되는 것이 루강 옛 거리의 매력이다. 덕분에 오랜만에 현지 어르신들께 길을 물어가며 다녔다.

대만에는 용산사(龍山寺)라는 이름의 절이 5개가 있다. 타이베이의 용산사가 당연히 가장 찾는 사람이 많지만 루강의 용산사가 '대만의 자금성'으로 불릴 만큼 아름답고 오래되었기로 유명하다. 청나라 시대에 지어진 목조건축물로 보존이 잘 되어있다. 정교한 팔괘 조정이 유명하다. 루강의 천후궁(天后宮)은 바다의 여신 마조(媽祖)를 모시는 사당으로 대만의 600여 개의 천후궁의 총본산이라고 한다. 그래서 대만 각지에서 참배를 드리러 온 사람들로 늘 붐빈다. 마조는 복건성에서 시작된 민간신앙인데 현재 중국, 대만, 홍콩, 마카오, 전 세계에 흩어져있는 화교까지도 숭배하는 여신이다. 바다의 여신이지만 어려움을 해결해주는 신으로 역할이 더 확대되어 있고 현재에도 마조 신앙을 받드는 사람들이 많다. 섬나라인 대만에서 인구에 비해 천후궁이 많고 참배를 드리는 사람이 많은 것은 당연한 이치이다.

현실을 잠시 잊게 되는 영화의 배경 같은 도시에서 그 시절, 우리가 좋아했던 풍경을 찾아 여행을 떠나고 싶다면 장화를 추천한다.

대만 열한 도시 이야기 4 : 윈린(雲林)

    쉬는 날이면 대만의 남북을 2시간 만에 주파하는 고속철을 타고 훌쩍 새로운 도시로 떠나보고는 한다. 12개의 도시에 정차하는데 모든 열차가 모든 역에 정차하는 것은 아니고 급행과 완행이 있어 완행을 타면 주요 도시 사이에 숨겨진 새로운 도시와 만날 수 있다. 노선표를 보니 타이중(台中)과 타이난(台南)의 중간에 '구름 숲'이라는 뜻의 윈린(雲林)이 마음에 들었다. 도시 이름이 '구름 숲'이라니 북, 중, 남으로 나누어진 다른 도시에 비해 너무나 낭만적인 이름이다. 지명이나 노래 가사를 보면 때때로 이렇게 대만 특유의 시적인 구절을 만나게 된다.

    한국인에게 유명한 중국 노래하면 제일 먼저 떠오르는 대표적인 노래는 '첨밀밀(甜蜜蜜)'일 것이다. 우리나라 드라마의 OST로 번역되기도 했고 중국어를 배우면 제일 먼저 배우게 되는 노래이기도 하다. 이 노래를 부른 가수는 등려군(鄧麗君)이라는 대만의 국민가수이다. 윈린에 가기로 하고 검색을 하다 우연히 등려군이 윈린 출신이라는 것을 알게 되어 깜짝 놀랐다. 윈린으로 가는 동안 오랜만에 등려군의 노래를 들었다. 리메이크 한 월량대표아적심(月亮代表我的心)도 '달빛이 내 마음을 대신합니다'라는 서정적인 가사가 귀를 사로잡는다. '구름 숲'으로 떠나는 여행에 딱 어울리는 노래 가사이다.

윈린은 대만에서 경제적으로 가장 낙후된 지역이라 고속철 역에서 내려 주변을 둘러보아도 대부분 논과 밭이고 눈에 띄는 높은 건물을 찾기 힘들었다. '구름 숲'이라는 이름이 나를 윈린으로 이끌었듯 지도에서 니를 부르는 이름을 찾아보았다. 놓칠 수 없는 이름을 하나 찾았다. 후웨이(虎尾), 호랑이 꼬리. 보는 순간 아! 호랑이 꼬리로 가야겠다는 생각이 들었다. 버스를 타고 후웨이진에 도착하니 너무나 귀여운 호랑이가 나를 맞이했다.

오동통한 꼬리로 자기 허리를 감고 있는 귀여운 호랑이가 바로 후웨이의 캐릭터인 모양이다. 길가 담벼락에서 고개를 삐죽 내민 호랑이, 바닥 모자이크 타일도 호랑이, 유명 명소의 안내판에도 호랑이가 반긴다. 심지어 스타벅스의 입간판에도 커피를 마시는 호랑이가 그려져 있다. 호랑이에 정신이 팔려 걷다 보면 후웨이의 느긋함에 나도 모르게 전염이 된다. 특별한 계획이 없어도 괜찮아. 오늘 하루쯤 느긋해도 괜찮아.

일제 강점기 시절 후웨이 치안판사가 살았었다는 윈린 스토리하우스에 들어가 주말 체험학습 나온 어린이들과 함께 윈린의 역사 이야기도 듣고 집 안에 전시된 그림책들도 읽으며 시간을 보냈다. 스토리하우스 맞은편에는 뿌따이시(布袋戲)라는 전통 인형극에 사용되는 인형 전시장이 있다. 인형 얼굴이나 손의 묘사가 꽤 세밀해서 해 질 녘에 보면 무서울 것 같았다. 후웨이 합동청사(虎

尾合同廳舍)는 타이난의 미술관처럼 역사적 건축물을 보존하면서 현재 필요한 용도로 활용하는 방법을 택했다. 평소에 자주 찾는 '성품서점(誠品書店)'이 있어 반가웠다. 그리고 서점과 이어진 스타벅스도 이곳이 관광지임을 실감 나게 했다. 후웨이에서 스타벅스보다는 후웨이에서만 만날 수 있는 장소를 찾고 싶어서 검색해보니 후웨이의 단 하나 독립서점 겸 카페인 '후웨이 살롱'이 있었다. 시장 골목을 지나 좁다란 골목으로 들어가면 작은 간판과 돌멩이 새들, 소담한 집 한 채가 있다.

주말 오후의 후웨이 살롱은 고요하고 그 공간만 시간이 멈춘 듯했다. 시원한 현미차를 마시면서 집을 둘러보았다. 서점이 아니라 책이 많은 집 같은 느낌이었다. '서점'이 아니라 '살롱'이라고 이름 붙인 데에는 이곳을 사교의 장으로 만들고자 하는 주인의 특별한 의도가 있었다고 한다. 주제를 가지고 다양한 직업군의 사람들이 모여 토론을 하고, 예술 전시도 이루어지는 문화공간의 역할을 하고 있었다. 한없이 느긋하게 머무르고 싶어지는 작은 도시 윈린, 큰 도시에서의 삶이 지치고 팍팍할 때 다시 찾고 싶은 곳이었다.

대만 열한 도시 이야기 5 ¦ 자이(嘉義)

　태양이 1년 중 가장 북쪽으로 갈 수 있는 한계를 잇는 위선을 '북회귀선'이라고 한다. 적도를 중심으로 북회귀선과 남회귀선이 있고, 그 사이가 열대기후에 속한다고 보면 된다. 대만의 중부를 이 '북회귀선이 통과한다. 하지 무렵에는 태양이 적도가 아닌 대만에 사는 내 머리 꼭대기에 수직으로 내리쬐고 있다는 말이다. 겨울에도 기온이 10도 아래로 내려가면 저온 경보 알림이 온다. 한국에서 가지고 온 옷 중에서 겨울옷은 당연히 못 입어 보았고 가을옷은 북쪽의 차가운 공기가 내려올 때 가끔 입는 정도이다.

　3월부터 에어컨을 켜고 '덥다' 소리를 입에 달고 있다 보니 시원한 곳이라면

어디든 가고 싶다. 북회귀선이 지나는 '자이(嘉義)'에는 피서를 갈 수 있는 최고의 장소가 있다. 바로 가장 높은 봉우리가 해발 고도 3,997m나 되는 아리산(阿里山)이다. 대만에서 가장 먼저 찾아갔던 여행지이기도 하고 풍경, 공기, 기온 모두 더할 나위 없이 좋았던 곳이라 부모님이 대만에 오셨을 때 꼭 모시고 가려고 점찍어 두었다. 산 아래는 열대지방이지만 산 위는 아열대에서 온대 지방에 가깝다. 연평균 기온이 10도인 피서지로 완벽한 곳이다. 시원한 바람을 느끼고 싶어질 무렵, 아리산으로 떠났다.

본래 자이 역에서 아리산 역까지는 기차가 있었다. 대만에서 가장 높은 2,451m에 있는 아리산 역까지 기차를 타고 가고 싶었지만, 수해로 운행이 중단된 후 지진, 태풍, 산사태 등의 자연재해로 완전히 복구는 되지 않고 있다. 아쉽지만 아리산 자락에 있는 마을인 펀치후(奮起湖)까지 1시간가량 버스를 타고 가서 다시 기차를 타고 내려가야 한다. 세계 3대 산악열차라는 아리산 삼림 열차를 타고 싶어 아리산에서 내려오는 길은 기차를 택했다. 울창한 산림 사이를 기차를 타고 내려오는 길은 불편을 감수할 가치가 충분했다.

아리산 역에서부터 신목 역까지 옅은 안개 속을 걸으며 했던 트레킹은 더할 나위 없이 신비로웠다. 둘러싼 모든 빛깔이 푸른 곳에서 나무와 함께 숨 쉬는 것만으로도 세포 하나하나가 맑아지는 기분이었다. 숲속이니 당연히 눈길 닿는 모든 곳이 나무지만 그중에서도 최소 800년에서 2300년이 넘는 나무들은 특별히 보호를 받고 있다. 나무가 산이고 산이 나무인 것만 같은 아리산에서 나무가 말을 걸어와도 이상하지 않을 것 같은 분위기에 압도당한다. 자주는 아니어도 계절에 1번씩은 등산을 하고, 인도의 히말라야도 가보았고, 노르웨이의 트롤퉁가에서 트레킹도 해보았지만 이렇게 산에 폭 안긴 느낌은 처음이었다.

　산속이라 해가 빨리 지고 이 깊은 산중에 무엇을 하나 고민했는데 칠흑 같은 밤하늘에 별이 쏟아졌다. 눈을 감았다가 뜨면 별똥별이 떨어졌다. 별 사이에 저절로 별자리가 그려졌다. 누워서 별을 바라보니 시간의 흐름이 느껴지지 않았다. 춥지만 않았어도 그대로 밤새 별을 보며 누워있고 싶었다. 별의 여운이 너무나 강렬해서 잠들고 싶지 않았지만, 새벽 4시에 일출을 보러 나가야 했다. 일출 보는 곳까지 데려다준 기사님이 10일 중 하루 정도만 선명한 일출을 볼 수 있어서 산신령의 어여쁨을 받아야 볼 수 있다고 하셨다. 가장 높은 봉우리인 옥산(玉山) 너머로 떠오르는 해와 협곡 사이로 아침 빛이 가득한 운해를 보며 나를 어여삐 여겨준 자연에 감사한 마음이 들었다. 고작 100년도 머무르지 못하는 우주의 작디작은 존재에게 아리산에서 보낸 시간은 매 순간이 자연과 공명하는 시간이었다.

대만 열한 도시 이야기 6 : 타이난 (台南)

타이난(台南)은 대만에서 가장 오래된 도시답게 도시 전체가 마치 거대한 박물관 같은 느낌을 준다. 도시 곳곳에 명승고적이 있고 도시의 전체적인 느낌도 옛 모습이 남아있어 우리나라의 경주와 비슷하다. 네덜란드의 식민지 시절을 거쳐, 명나라, 청나라까지 쭉 대만의 중심지였다가 일제 통치 시기부터 일본과 더 가까운 곳에 있는 타이베이가 수도가 되었다고 한다. 최근에는 가오슝(高雄)이 제2 도시로 성장했지만 오랜 역사와 전통을 지닌 가장 대만다운 도시는 타이난이 아닐까 싶다.

타이난에서는 옛 건물을 보존하면서 현대식 건축물을 자연스럽게 접합한 장소가 많다. 2019년 초에 타이난 미술관 1관과 2관이 새로 개장했다고 해서 타이난을 방문했는데 개장 기념으로 건물의 역사와 관련된 전시가 열리고 있었다. 원래 옛 타이난 경찰서 건물로 고적이었던 것에 다시 숨을 불어넣어 미술관으로 재탄생시킨 건물이다. 건물 모양이 부채꼴 모양인데 밖에서 볼 때는 좁은 입구를 보게 되어 뒤쪽의 넓은 공간이 잘 보이지 않는다. 경찰서 건물일 때도 입구였던 소담한 입구로 들어서면 중간의 밖과 통하는 중정 형식의 휴식 공간으로 연결되어 있는데 옛날부터 자리를 지켜온 고목이 긴 역사를 느끼게

한다. 그리고 새롭게 지은 부채꼴의 호 부분에 전시관이 있다. 새롭게 지은 미술관 2관이 훨씬 화려하고 웅장한데 소박하면서도 고풍스러운 이곳이 1관이 될 수밖에 없는 이유가 있었다.

1관 맞은편에는 국립 문학박물관이 자리하고 있는데 이 건물 역시 시 정부 건물이었던 고적을 개축한 것으로 건물 안으로 한 발 들어서는 순간부터 옛 타이난에 들어서는 기분이 든다. 딛고 있는 계단의 돌 하나, 지붕을 받치고 있는 기둥 하나도 허투루 보이지 않는다. 옛 모습 그대로 보존된 적감루(赤崁樓)나 공자묘(孔廟) 같은 명승고적들보다 이렇게 쓰임이 있는 건물로 새 생명을 얻은 고적을 보니 우리와 함께 현재를 살아가고 있는 듯하다.

청나라 때부터 있었던 거리로 옛 정취를 간직하고 있는 선농가(神農街)를 걸으면서 작은 상점들을 구경하다 보면 파는 물건들도 다른 도시에서 보는 것과는 다르게 느껴진다. 실제로 타이난의 기념품들은 다른 도시보다 더 전통다운 요소가 많이 들어있다. 청나라 시대의 목조건축물이나 창화(窓花)라고 부르는 창살의 무늬들도 그대로 남아있어 선농가를 찾는 사람들에게 감동을 준다.

오래된 도시인만큼 먹거리도 옛날의 맛을 그대로 간직하고 있는데 몇 대째 우육면(牛肉麵), 단자면(擔仔麵), 로육반(魯肉飯) 같은 음식들을 만들어 온 식당들을 거리 곳곳에서 쉽게 볼 수 있다. 대만 사람들도 전통의 맛이 그리울 때는 타이난을 찾게 된다고 한다.

잠시 나에게 익숙한 곳을 떠나 새로운 곳을 찾고 싶을 때 우리는 여행을 떠난다. 하지만 비행기를 타고 다른 나라로 여행을 가도 언어만 다를 뿐 비슷한 프랜차이즈 상점들과 비슷한 생활 모습에 오히려 실망하기도 한다. 인터넷이 발달하면서 이런 현상들이 더 뚜렷해지는 것 같다. 타이난은 과학 기술이 발전하면서 더 빠르고 더 편한 것을 찾는 현대인들에게 옛것의 소중함을 알려 주고 과거와 현재를 자연스럽게 이어주는 도시였다. 이렇듯 한 나라의 정취를 오롯이 느낄 수 있는 도시를 만나면 잠시 내가 떠나온 곳을 잊고 내가 있는 곳에 흠뻑 취하게 된다. 마치 몇백 년 전의 장소로 시간여행을 하는 듯한 착각에 빠지게 된다. 언제 다시 타이난을 찾게 되더라도 그때 그 모습을 간직하고 있을 것만 같은 도시이다.

대만 열한 도시 이야기 7 : 가오슝(高雄)

2014년 여름, 처음 가오슝(高雄)에 왔을 때만 해도 가오슝은 그냥 깔끔한 계획도시 느낌이었다. 숙소에서 자전거를 빌려주어서 무작정 자전거를 타고 바닷가를 향해 달렸다. 숙소에서 강을 지나 조금만 더 가면 바다가 있다니 멋졌다. 그때만 해도 경전철 공사가 한창이었던 터라 바닷가 부근은 공사장이었다. 여행객은커녕 현지인도 만나기 힘든 항구에서 바라보는 바다는 저 멀리 보이는 수평선을 지나 태평양을 건너고 싶게 했다.

'바다가 보이는 곳에서 살고 싶다.'라는 생각은 오래전부터 가지고 있었다. 그렇다고 직접 고기잡이를 하고 어디서든 바다 향이 나는 그런 마을에서 살고 싶은 것은 아니었다. 그냥 문득 바다가 보고 싶어지면 드넓은 바다로 달려가서 바다 아래로 해가 조금씩 사라지면서 바다와 하늘이 같은 색으로 물드는 풍경을 언제든 볼 수 있는 곳에서 살고 싶었다. 가오슝에서라면 그런 생활이 가능하지 않을까 싶었다. 치진(旗津)이나 소류구(小琉球)처럼 배를 타고 10~20분이면 작은 섬에도 쉽게 갈 수 있고 한여름을 제외하고는 비도 거의 오지 않는 화창한 도시에서 살아보고 싶어졌다.

　4년이 흘러 거주하며 알게 된 가오슝은 '바닷가 마을'이 아니라 '바닷가 도시'였다. 대만의 제1 항구면서 한때 컨테이너 처리량 기준으로 세계 제3위 무역항에 오르기도 했고 현재까지도 대만 수출입 절반 이상이 이곳을 거쳐 간다. 그래서 바닷가 항구에는 거대한 물류창고들이 자리 잡고 있다. 전성기 때는 사람과 물건이 넘쳐났던 곳인데 대만의 경제 성장이 예전만 못하면서 물류창고도, 가오슝도 침체기가 왔다. 방치되어 있던 물류창고를 시 정부에서 문화예술공간으로 탈바꿈시켜 현재의 보얼예술특구(駁二藝術特區)가 되었다. 그리고 도시를 순환하는 경전철을 건설하게 되는데 현재 4분의 1이 완공되어 운행 중이고 나머지 구간도 준비 중이다. 공장이 많아서 다른 지역보다 공기가 좋지 않다 보니 시 정부에서도 환경과 관련한 정책에 고심하는 것이 느껴진다. 공공자전거, 경전철, 지하철, 전기버스 등 대중교통이 대부분 저탄소 교통수단이고 도시 곳곳에서 큰 공원을 쉽게 볼 수 있다. 부족한 부분을 알고 시 정부와 시민들이 함께 개선해나가는 점이 대단하다는 생각이 들었다.

　　지난 3년간 일상 속에서 자연스러운 문화 생활에 목말랐던 나에게 가오슝 사람들이 자랑하는 시립도서관, 시립미술관, 위무영예 술문화회관 같은 장소들은 단비처럼 느껴졌다. 분기마다 나오는 미술관 소식지, 예술문화회관 소식지를 보면서 이번엔 어떤 전시, 어떤 공연을 볼까 고민하는 것은 실로 오랜만에 느끼는 즐거움이었다. 원숭이들이 등산객보다 더 많은 수산(壽山)을 등산하거나, 바닷바람을 맞으며 중산대학교의 테니스장에서 테니스를 치면서 평온한 일상의 행복을 만날 수 있었다.

222

　가끔 식당에서 혼자 밥을 먹게 되다 모르는 사람과 눈이 마주치면 자연스럽게 대화를 나누며 식사를 한다. 한 식당에 두세 번만 가도 사장님과 친해져서 단골집이 된다. 집에 들어갈 때는 경비아저씨와 손을 흔들며 인사하고 엘리베이터에서 만나는 이웃들과도 눈인사를 한다. 길에 서서 두리번거리고 있으면 길을 찾아주려고 누군가 도움의 손길을 내민다. 때때로 나에게 대체 왜 이렇게까지 친절하게 대하는 걸까? 의문이 들 정도로 친절한 사람들이 많은 도시에서 살면서 뾰족하게 날 서 있던 나의 신경도 조금은 무뎌지는 것을 느낀다.

　나는 왜 바다가 보이는 곳에서 살고 싶었을까? 잔잔한 바다처럼 마음도 평화로워지고 싶었던 게 아니었을까? 큰 도시에 살면서 나도 모르는 사이 마음이 많이 지쳐있었던 것 같다. 내 마음이 쉴 수 있는 곳, 마음이 이끄는 제2의 가오슝을 다시 찾아야 할 때이다.

대만 열한 도시 이야기 8 : 핑둥(屛東)

핑둥(屛東)은 대만의 최남단에 있는 도시이다. 이름만 봤을 때는 타이난(台南)이 가장 남쪽이어야 할 것 같은데 그 아래에 가오슝(高雄)도 있고 핑둥도 있다. 가장 남부이다 보니 열대 과일 산지가 몰려 있다. 특히 애플 망고와 파인애플이 주로 생산되는데 제철에 핑둥을 방문하면 애플 망고를 바구니에 가득 담아서 바구니째로 판매한다. 길에 파인애플밭과 망고나무들이 지천이고 농장에서 갓 딴 과일이라 상큼한 향기가 그득하다. 대만에서 가장 풍요로운 도시를 하나 꼽자면 바로 핑둥이다.

핑둥에서 여행자들이 가장 많이 방문하는 곳은 단연 컨딩(墾丁)이다. 해변에서 스노클링이나 서핑을 할 수 있고 평원, 고산, 만, 반도 4가지 지형으로 이루어진 자연경관이 수려하다. 겨울에도 열대기후로 수영이 가능해서 1년 내내 해양스포츠를 즐기는 사람들의 사랑을 받는 곳이다. 바닷가에 대형 리조트도 많고 야시장이나 음식점 등 부대시설도 잘 갖추어져 있다. 컨딩의 자연환경도 아름답지만 핑둥의 둥강(東港)에서 배를 타고 20분이면 갈 수 있는 작은 섬인 소류구(小琉球)가 핑둥의 숨겨진 보석이다. 스쿠터나 순환 버스를 타고 섬을 구경하며 한 바퀴 돌면 2~3시간이면 충분할 정도로 자그마한 섬이다. 소류구라는 이름은 일본의 오

키나와를 류구(琉球)라고 부르는 것에서 따온 것이라고 한다.

바닷속 산호와 물고기들이 다 들여다보이는 투명한 바다가 넘실대는 소류구는 이제 더 알려지지 않았으면 좋겠다는 생각이 들 정도로 맑고 깨끗하다. 바다를 좋아하는 사람이라면 좋아할 수밖에 없는 섬이다. 스노클링을 하러 들어가면 해초를 뜯으며 파도타기 하는 바다 거북이를 쉽게 만날 수 있다. 가끔 운이 좋으면 커다란 거북이부터 작은 새끼 거북이까지 거북이 가족을 만나기도 한다. 사람을 전혀 무서워하지 않고 해변 가까이에서 노는 거북이들을 보면 평화로운 그 풍경에 저절로 자연에 감사한 마음이 든다. 수평선 위로 피어오르는 새하얀 구름과 탁 트인 태평양을 보고 있으면 배를 타고 저 넓은 바다로 나가야 할 것만 같다.

소류구는 관광객들이 주로 이용하는 섬 북쪽에 있는 백사(白沙) 항구와 소류구에 거주하는 주민들이 주로 이용하는 대복(大福) 항구, 이렇게 2개의 항구가 있다. 백사 항구에서 시작해서 시계 방향으로 현무암과 푸른 바다의 대비가 아름다운 랍스터 동굴(龍沙洞), 동쪽에 있는 욱일정(旭日停), 하늘에서 보면 산호초 암석들이 마치 펼쳐진 주름치마처럼 보인다고 하여 두꺼운 돌 치마라고 부르는 후석군확(厚石裙礁), 환상적인 석양을 볼 수 있는 낙일정(落日停), 네덜란드 식민지 시절 흑인 노예들이 버려져 살았었다는 검은 유령 동굴(烏鬼洞), 고운 모래 해변이 길게 펼쳐진 합반완(蛤板灣), 선녀와 나무꾼과 비슷한 전설이 있는 산돼지 협곡(山豬溝), 소류구의 여러 기암괴석 중 가장 유명하고, 거북이들이 자주 출몰해서 스노클링 명소인 꽃병바위(花瓶石)까지 지루할 틈 없이 섬을 돌아볼 수 있다.

해안 부근에서는 그물을 사용하는 것을 금지해서 거북이가 더 늘어나고 있고 다양한 생물들이 섬 주변에 서식하고 있다. 섬 안에서 자동차는 거의 볼 수 없고 전기 오토바이나 버스를 이용하여 이동하므로 거북이처럼 천천히 섬을 돌아보면 된다.

요즘 일본 여행객이 줄어들고 대체할 여행지로 대만을 선택하는 관광객이 늘어나면서 가오슝을 찾는 한국 여행객이 부쩍 늘어났다. 그러면서 겸사겸사 핑동의 인기도 늘어나고 있다. 예전에는 찾아오기가 힘들었는데 스노클링이나 반잠수정 투어가 생기며 소류구에서도 종종 한국어가 들리곤 한다. 이제 나만 아는 작은 섬이 아니라 많은 사람이 소류구의 아름다움을 오래도록 감상하고 거북이들과 함께 수영할 수 있도록 지속 가능한 발전을 해나갔으면 좋겠다.

대만 열한 도시 이야기 9 : 화련(花蓮)

무섭다는 감정이 느껴질 만큼 선명한 지진을 만난 것은 2년 전 초여름, 대만에서 느낀 지진이 처음이었다. 퇴근하고 저녁을 먹고 씻고 누워서 넷플릭스로 드라마를 보고 있었는데 13층에 있는 방이 휘청하는 것이 느껴졌다. 너무도 선명한 움직임에 순간 사고 회로가 정지되었다. 한 번의 진동으로 끝이 아니라 몇 번의 여진으로 침대가 다시금 흔들렸고 유리병 속의 물도 찰랑거렸다. 눈으로 보이는 지진이라니, 베란다로 가야 하나, 아니면 엘리베이터는 타면 안 되니까 지금이라도 빨리 계단으로 뛰어 내려가야 하나 그런 생각이 든 것도 지진이 나고 몇 분가량 시간이 흐른 뒤였다. 나중에 지진 앱을 통해 찾아보니 그 지진은 방 안의 물건이 흔들리는 것을 뚜렷이 관찰할 수 있는 규모가 4 정도 되는 지진이었다.

대만이 지진이 자주 발생하는 지역인 것은 알고 있었지만 듣는 것과 체감하는 것은 완전히 달랐다. 나는 왜 대피하기도 힘든 13층에 집을 구했나 후회도 되고 새삼 지진이 자주 발생하는 지역에 사는 사람들이 걱정되었다. '불의 고리'라는 별칭이 있는 환태평양 조산대에 있는 대만에서는 큰 규모의 지진이 잊을 만하면 발생한다. 40% 이상이 대만 북동쪽의 화련(花蓮) 부근에서 일어나는 지진이다. 내가 대만에 오고 나서도 화롄에서는 심심하면 규모 6 이상의 큰 지진이 나곤 했다.

　화롄은 '꽃보다 할배'에 등장해서 한국에 인지도가 있는 '타이루거(太魯閣) 국립공원'이 유명하다. 화강암과 대리석이 침식을 받아 형성된 장엄한 협곡이 있다. 대만에 오기 전부터 꼭 가고 싶은 도시였는데 지진이 무서워 엄두가 나지 않았다. 평소에도 협곡 사이로 낙석이 떨어져서 관광객들이 헬멧을 쓰고 다니는 곳이 타이루거이다. 침대 위에서 느낀 지진도 무서운데 협곡의 터널에서 지진이 일어나면 과연 어떻게 될지 생각조차 하고 싶지 않았다. 그렇게 1년 가까이 동부 쪽으로는 발걸음을 하지 않았는데 이렇게 대만에 살면서 '타이루거'도 한 번 못 가보기에는 너무 아쉬워졌다. 한국에 돌아가면 분명 후회하겠지 하는 생각이 드는 순간 화롄행 비행기 표를 끊었다. 화롄으로 떠나는 비행기 안에서 창밖으로 보이는 3,000m가 넘는 산봉우리를 보며 부디 대자연이 나를 받아들여 주기를 기도했다.

　다행히도 운 하나는 좋은 편이라 화렌에 머무는 동안 지진은 일어나지 않았다. 보고 싶던 타이루거의 명소들을 마음껏 즐길 수 있었다. 사카당(砂卡礑) 길에서 트레킹도 하고, 연자구(燕子口)에서 제비도 만나고, 구곡동(九曲洞)도 거닐고, 천상(天祥)에서 원주민 요리로 점심도 먹었다. 타이루거를 오고 가는 길에 들른 절벽과 에메랄드빛 바다가 절경이었던 청수단애(清水斷崖)와 몽돌이 달각달각 구르는 소리와 파도 소리가 어우러지던 칠성담(七星潭)도 아름다웠다. 공기가 청량해서 숨만 쉬어도 폐까지 깨끗하게 정화되는 기분이었다. 이래서 화렌에 사는 사람들이 아무리 지진이 자주 발생해도 이곳을 떠날 수 없겠구나 싶었다.

　그렇게 화렌을 다녀온 이후 스스로 지진에 조금은 무뎌졌다고 생각하고 있었다. 그러던 어느 날, 어학당 수업을 듣고 있는데 갑자기 책상이 흔들렸다. 나와 캐나다, 프랑스, 체코에서 온 학생은 지진을 느끼고 대만인 선생님과 일본인 학생은 지진을 전혀 느끼지 못했다. 아마도 나는 대만에 사는 동안은 지진에 무뎌지지 못할 것이라는 생각이 들었다. 그리고 지진이 날 때마다 나 하나의 안전뿐만 아니라 화렌의 그 풍경이 무사하기를, 화렌에 사는 화렌을 사랑하는 사람들이 안전하기를 기도하게 될 것이다.

대만 열한 도시 이야기 10 : 펑후(澎湖)

나는 비행기 타는 것을 좋아한다. 비행기가 이륙할 때 하늘로 붕 하고 떠오르는 그 느낌은 몸도 마음도 새로운 곳으로 떠나는 설렘과 같다. 내가 발 딛고 서 있던 곳이 점점 멀어지는 것을 바라보는 것이 좋아서 비행기를 탄다. 펑후는 대만 본 섬에서 비행기를 타고 갈 수 있는 가장 가까운 섬이다. 국제선보다 한적한 국내선 공항으로 가서 수속을 밟고 2시간마다 1대씩 있는 프로펠러가 뱅글뱅글 돌아가는 작은 장난감 같은 비행기를 타고 40분을 가면 손쉽게 펑후로 갈 수 있다. 버스나 고속철을 타는 것보다 더 간편하다.

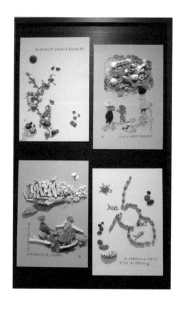

펑후(澎湖)는 섬 이름이기도 하지만 주변의 크고 작은 90개 정도의 섬들이 모인 펑후 군도(郡島)의 이름이기도 하다. 그중에 마공(馬公) 공항이 있고 사람

이 가장 많이 모여 사는 곳이 펑후 섬이다. 배를 타지 않아도 도로로 연결된 바이샤 섬(白紗島)이나 위웡섬(漁翁島)까지 버스를 타고 갈 수도 있다. '어부의 섬'답게 대부분 어업에 종사하는 사람들이 많고 최근에 대만관광청이 광고를 많이 하는 곳이지만 섬의 교통이나 언어가 불편해서인지 광고하는 것에 비해 관광객이 많지는 않다.

특히 겨울에는 바람과 파도가 심해 배가 거의 다니지 않아서 주변 섬을 가는 것이 어렵다 보니 매년 4월 중순에서 6월 중순에 열리는 불꽃 축제(花火節) 기간을 제외하고는 조용하고 한적한 섬이다. 불꽃 축제 기간에는 숙소를 구하기도 어렵고 비행기 표를 예약하기도 어려울 만큼 관광객이 몰리기도 한다. 하지만 2월에 펑후를 방문했을 때는 8인실 도미토리 숙소를 전세 내고 쓸 수 있었다. 섬의 끝까지 가는 버스는 갈 때와 올 때 외지인이라고는 나와 동행 둘뿐이었다. 우비를 쓰고 비바람을 맞으면서도 버스가 있어서 참 다행이라는 생각이 들었다.

바다가 잔잔한 날에는 왕안(望安)이나 치메이(七美), 지뻬이(吉貝) 같은 섬에

배를 타고 갈 수 있다. 왕안은 '화택'이라고 불리는 전통가옥 마을이 있다. 바람을 피하려고 나지막하게 지은 화택도 아름답지만, 그 집을 둘러싼 돌과 산호로 쌓은 돌담이 독특하고 예쁘다. 치메이는 전통 어업 방식인 석호가 유명하다. 평후의 상징적인 모습이기도 한데 두 개의 심장이 겹쳐진 모양과 같아 쌍심석호라고 불린다. 밀물에 물이 들어와서 석호가 잠겼다가 썰물에 물이 빠지면서 석호에 물고기가 갇히면 잡는 것인데 물 때를 잘 맞춰서 가야 선명한 쌍심석호를 만날 수 있다. 지뻬이는 조개의 입처럼 섬에서 삐죽이 튀어나온 해변이 독특한데 해양 스포츠를 즐길 수 있는 장소이다. 이렇게 섬 하나하나를 살펴보다 보면 3~4일도 부족하다. 배편이 하루에 많지 않다 보니 바삐 움직이게 되고 날씨의 영향도 많이 받게 된다. 갈 때마다 새롭고 다른 풍경을 보여주는 것이 평후의 매력이 아닐까 싶다.

　해산물을 좋아하는데 내륙 지역에 오래 머무르다 대만으로 가게 되었을 때 대만은 섬이니까 해산물이 다양하고 싱싱할 것이라는 기대에 찼다. 하지만 그렇지만도 않았다. 고기를 이용한 요리가 많고 회는 숙성시켜서 먹는 문화라 조금 실망했었다. 그런데 평후는 '어부의 섬' 답게 해산물이 정말 신선하고 맛있다. 굴 양식을 해서 굴로 만든 요리가 많고 식당에 가면 그 날 잡아 온 해산물로 요리해주는 곳이 있어 매 끼니를 만족스럽게 먹었다. 먹는 것만으로는 성에 차지 않아 야심 차게 오징어 낚시를 나섰는데 오징어는 못 잡고 선장님이 배에서 끓여주는 오징어 국수랑 회만 맛있게 먹었다.

　사람들에게 알려진 유명한 곳에 가면 정보도 많고 맛집도 많다. 보장된 경험을 하고 싶은 사람들이 유명한 관광지에 가면 같은 곳에 서서 사진을 찍고 같은 맛집에 긴 줄을 서서 같은 메뉴를 시켜 먹는다. 나만의 경험을 찾아 떠나고 싶어질 때, 평후를 그리워하게 될 것 같다. 구글 지도도 버스 시간표를 알려 주지 않고, 후각에 의존해 음식점을 찾는 그곳, 돌담의 제각각 모양이 달랐던 산호처럼 비슷한 듯 다른 그 섬들이 그리워질 것 같다.

대만 열한 도시 이야기 II : 진먼(金門)

대만에 오기 전에는 대만의 본 섬이 전부라고 생각했는데 생각보다 대만에 속한 섬이 많았다. 귀산도(龜山島), 녹도(綠島), 소류구(小琉球), 평후(澎湖), 북간(北竿), 진먼(金門) 등 아름다운 섬들이 본 섬을 둘러싸고 있다. 평후나 북간, 진먼처럼 섬에 공항이 있어서 비행기로 쉽게 갈 수 있는 곳은 비행시간이 1시간이 넘지 않아 제주처럼 주말에 나들이 다녀올 수 있을 정도로 가깝다. 그중에 진먼은 대만과는 210km 떨어져 있는데 중국과는 2km 남짓 떨어져 있어 중국에 더 가깝게 위치한 나비 모양의 섬이다. 그래서 식수도 중국의 샤먼을 통해 공급되고 진먼과 샤먼을 잇는 다리의 건설도 논의 중이다.

대만과 중국 대륙의 관계로 최전방 지역이었던 진먼은 1992년에서야 민간에 개방되기 시작했다. 공항에서 내리는 순간부터 한 세대를 돌아온 듯한 기분이 든다. 오토바이를 타고 수수밭 사이를 달리면 오랜 군사지역으로 거의 개발되지 않은 자연 그대로의 환경이 눈에 들어온다. 마을 어귀에는 독특한 사자상이 화려한 옷을 입고 진먼을 찾는 사람들을 반긴다. 풍사야(風獅爺)라고 불리는 진먼의 수호신이다. 바람을 다스리는 짐승인 돌사자는 현지의 독특한 신앙문화를 대표한다. 모든 풍사야가 같은 모습이 아니라 목에 걸고

있는 장식품이나 손에 들고 있는 물건에 따라 기원하는 것이 달라 진면 여기저기에서 이 돌사자가 보이면 반갑고 다가가서 자세히 살펴보게 된다.

지금은 이렇게 평화로운 시골 마을의 모습이지만 진먼의 역사나 기념품 대부분이 전쟁과 관련되어 있어 알게 되는 사실들이 늘어갈수록 생각이 많아진다. 시내를 나가면 칼을 파는 상점이 유난히 많이 보인다. 그 칼의 재료는 다름 아닌 폐포탄이다. 진먼은 과거에 전쟁이 있었을 때는 47만 발에 가까운 포탄을 받았던 곳이다. 폐포탄 1개로 약 60자루의 칼을 만들 수 있고 품질도 좋다고 한다. 하지만 아무리 좋은 품질의 칼이라고 해도 그 전쟁의 역사와 흔적이 고스란히 남은 칼을 굳이 사고 싶은 생각이 들지 않는다. 대만에서 가장 유명한 술인 58도짜리 '진먼고량주'도 군인들이 진먼에 주둔하게 되면서 식량 문제를 해결하기 위해 척박한 땅에 수수를 심게 되면서 만들게 된 술이다. 이 술을 만들고 난 술지게미를 먹여 기른 소가 고량소인데 그래서 진먼의 소고기 육포나 우육면도 유명하다. 대만 와서 먹은 것 중에 가장 맛있는 인생 우육면을 먹었는데 맛있는 것을 먹으면서도 맛보다는 자꾸만 섬의 역사가 떠오르고 마음이 편하지 않았다.

도시 한가운데는 옛날 고택이 잘 보존되어 남아있다. 그러나 바닷가 쪽으로 나가면 전쟁 당시 물자가 드나들던 갱도나 망원경을 통해 중국의 모습을 살피는 관측소, 대포 진지 등이 고스란히 남아 역사를 증명한다. 섬 전체가 하나의 전쟁박물관 같다. 땅굴 여관, 병원 학교, 발전소 등 군사시설이 모두 관광지가 되어 있고 대부분 관광객이 중국 쪽 관광객이다.

내가 진먼 사람이 아니어서 그런지 그 광경들이 진먼에 머무는 내내 불편했다. 전쟁박물관의 목적은 전쟁에 대한 교훈을 통해 앞으로 전쟁을 예방하고 평화를 기원하는 곳으로 알고 있었다. 그런데 그 앞에서 고량주를 이용한 소

시지를 구워서 팔면서 '1個1塊錢(1개에 1원-중국의 화폐 단위)'을 외치는 아주머니를 보니 더 속상했다. 경제 앞에 다른 가치가 무색해지는 상황이 슬펐다. 우리나라 서울 전쟁기념관에 일본 관광객이 문전성시를 이루고 그 앞에서 붕어빵을 파는 분이 '2개에 100엔'을 외치는 것을 보는 기분이라면 너무 비약이 심한 걸까?

● *Epilogue*

선생님, 해외로
또 나갈 거예요?

　베트남에서 3년 근무 후, 한국으로 들어갈 준비를 할 때 나에게 누군가가
"선생님, 한국 들어갔다가 또 나올 거예요?"라는 질문을 했다. 그때는 "물론이
죠."라는 대답이 저절로 나왔었다. 재외학교 근무 5년을 마치고 한국에 돌아온
지금, "선생님, 해외로 또 나갈 거예요?"라는 질문에는 선뜻 "네."라는 대답이
나오지 않는다. 두 곳의 재외한국학교에서 근무하면서 스스로 부족한 부분들
을 잘 알게 되었기 때문이다.
　처음 재외한국학교를 지원하던 2014년 말, 교육부 인가를 받은 재외한국학
교는 총 31개교였다. 2020년 현재 교육부 인가를 받은 재외한국학교는 34개교
로 늘어났다. 학생 수는 만 이천여 명에서 현재 만 사천 명이 넘고 전임 교원의
수도 1,200명에서 1,293명으로 100명 가까이 늘었다. 우리 교민이 거주하고 있
지만 아직 한국학교가 없어서 개교를 준비하는 지역도 있으니 교민이 줄어들
고 있는 중국 지역은 예외로 두고 동남아나 다른 지역의 재외한국학교가 더 늘
어나고 그 역할도 커질 것으로 예상된다.

운이 좋게도 두 곳의 재외한국학교에서 근무할 기회가 있었고 어떻게 하면 그 경험을 의미 있게 쓸 수 있을까 한국으로 돌아온 후로 내내 고민하고 있다. 재외한국학교에서의 생활을 책으로 쓰겠다고 결심했던 것이 첫걸음이다. '과연 얼마나 많은 사람들이 재외한국학교에 관심을 가지고 이 책을 읽어줄까?' 고민도 되었지만 지금이 아니면, 내가 아니면 쓸 수 없는 책이라는 의지를 갖추고 완성했다. 누구라도 이 책을 통해 재외학교 생활을 흥미롭게 느낄 수 있다면 이 책의 가치는 그것으로 충분하다.

　두 번째는 나를 타국에서 선생님으로서 자긍심을 가질 수 있게 해 준 재외한국학교 학생들을 위한 걸음이 될 것이다. 재외한국학교는 한국인으로서의 정체성을 가진 글로벌 인재 양성을 위한 중추적 역할을 하는 교육기관이므로 공교육 기관인 재외한국학교의 역량을 강화하는 것이 중요하다. 2018년부터 교육부 소속 재외교육지원센터가 운영되고 있고 재외한국학교를 위한 교육과정 개발, 컨설팅 등이 마련되고 있다. 아쉬운 점은 중고등학교 학생들이 한국에 있는 대학을 진학하기 위한 입시에 비해 초등학교 교육과정은 상대적으로 등한시되는 것이다. 재외한국학교가 위치한 지역의 특성을 살릴 수 있는 교육과정, 재외한국학교 간의 공통교육과정(한국 정체성 교육, 한국 문화 예술 교육, 다문화가정 학생들을 위한 체계적인 한국어 교육 등)이 필요하다는 것을 느꼈다. 어릴 때부터 이중 문화 경험을 쌓은 재외한국학교 학생들이 앞으로 글로벌 역량을 갖춘 미래 인재가 될 수 있는 재외한국학교 교육과정 연구에 힘을 보태고 싶다.

한국에 돌아온 지는 6개월 정도 되었는데 책이 나온 지금에서야 정말 돌아온 기분이 든다. 가까운 미래에 다시 한번 '더 슬기로운 재외학교 생활'을 할 수 있는 기회가 오기를 기대하며 5년의 재외학교 생활을 마무리한다.